W0287772

Erfolgreiche Hundeerziehung

Uschi Birr

Erfolgreiche Hundeerziehung

Der sichere Weg zum perfekten Begleiter

FALKEN

Die Grundlagen der Erziehung

Erziehungspraxis

Hund ist nicht gleich Hund

Die häufigsten Probleme – Entstehung und Beseitigung

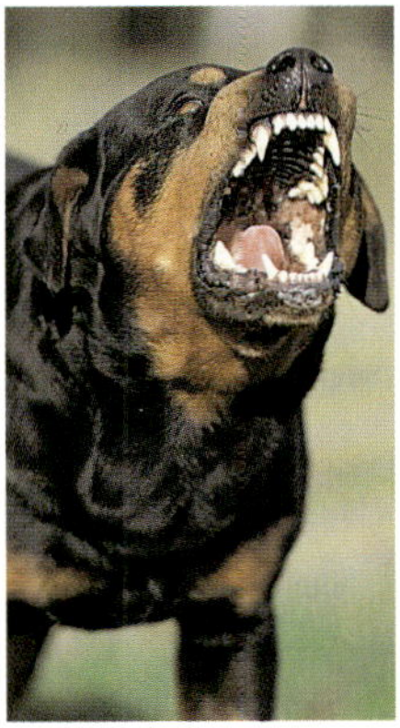

Anhang

Vorwort

Im Gegensatz zu allen anderen Haustieren ist der Hund ein voll integriertes Mitglied der Familie. Er lebt nicht in einem Gehege, er geht nicht seiner Wege, sondern er begleitet uns sein ganzes Leben lang, egal wohin wir gehen. Er nimmt – soweit möglich – an unserem Arbeitsalltag teil und ist (oft) Mittelpunkt unserer Freizeit.

Entsprechend sind die Erwartungen, die jeder, der einen Hund in die Familie aufzunehmen plant, gegenüber dem neuen Mitbewohner hegt. Gleichgültig ob es sich dabei um den Welpen einer bestimmten Rasse oder um einen älteren Mischling aus dem Tierheim handelt: Einige Wochen lang wird sich das Interesse seines neuen Herrchens nur auf ihn konzentrieren. Danach sollte er die gewünschten Spielregeln kennen und sich entsprechend benehmen. Und genau das wird er auch tun, vorausgesetzt, er weiß, welche individuellen Anforderungen an ihn gestellt werden, und lernt, was er tun soll und was er nicht tun darf. Der sicherste Weg zu so einem ganz persönlichen Traumhund ist eine tiefe und auch geregelte Beziehung zwischen dem Hund und seinem Menschen die eine Erziehung erst möglich macht. Dieses Buch soll Ihnen helfen, das richtige Vertrauensverhältnis zu Ihrem Hund aufzubauen, ihm die Regeln für das Zusammenleben mit Ihnen zu vermitteln und eventuelles Fehlverhalten wieder zu korrigieren.

Kapitel 1

Die Grundlagen der Erziehung

Muß jeder Hund erzogen werden?

Allen Hunden, unabhängig von ihrer Rasse, ist von Natur aus ein festes Verhaltensrepertoire zu eigen. Sie sind und bleiben Caniden (Hundeartige) mit all deren angeborenen Attributen, die im Laufe ihrer Entwicklungsgeschichte entstanden sind und ihnen ihr Überleben ermöglicht haben.

Zu diesen Attributen gehört neben der Fähigkeit, sich anderen mitzuteilen und im Gegenzug deren Mitteilungen richtig zu deuten, auch die, sich in eine soziale Gemeinschaft einzugliedern.

Diese Fähigkeit kann sich der Mensch natürlich zunutze machen. Doch der Hund ist für ein Leben unter Hunden geboren – das (problemlose) Zusammenleben mit dem Menschen kann er nur lernen, und zwar durch eine konsequente Erziehung, die seine ureigensten Verhaltensweisen berücksichtigen muß.

T*ip:*

Lachen erkennt jeder Hund als positive Reaktion und verbucht es als Teilerfolg. Unterdrücken Sie deshalb Ihre Heiterkeit, wenn er, um seinen Willen durchzusetzen, komische Verhaltensweisen an den Tag legt.

Wichtiger Hinweis:
Lernen bedeutet für Hunde wie für alle Tiere und auch für den Menschen Erfahrungen sammeln und verwerten. Sie als Halter haben also keinen Einfluß darauf, **daß** Ihr Hund lernt, sondern nur darauf, **was** er lernt.

Ein Hund, der von seinem Menschen antiautoritär, also gar nicht erzogen wird, erzieht sich selbst: Er sucht sich Regeln nach Hundeart, er meidet, was ihn erschreckt oder ihm Schmerzen zufügt, und er wiederholt, was ihm Vorteile bringt. Das bedeutet aber: **Er** bestimmt die Spielregeln, denen Sie sich unterzuordnen haben, denn er fühlt sich, weil nicht gelenkt, selbst als Führer. Sein Instinkt heißt ihn, diesen Rang zu verteidigen und seinen Willen nach Hundemanier durchzusetzen: mit Knurren und Beißen.

Das Verhältnis Mensch – Hund

Ein Hund braucht strenge Regeln

In einer Zeit, in der die eigene Persönlichkeit großgeschrieben und das Recht auf Selbstbestimmung gefordert wird, in einer Zeit der Demokratie, die jeglicher Diktatur abschwört, ist es nur zu verständlich, daß wir die tolerante Haltung, die wir anderen Menschen gegenüber an den Tag zu legen trachten (und die wir auch von ihnen erwarten), ebenso unserem vierbeinigen Begleiter gegenüber einnehmen wollen. Doch das bringt uns unweigerlich in Schwierigkeiten. Denn während wir Menschen den Hund am liebsten nur mit Liebe erziehen möchten, verlangt dessen angeborener Instinkt genau das Gegenteil: Der Hund sieht Gutmütigkeit und Nachgiebigkeit als Schwäche unse-

rerseits. Wenn wir ihm seinen Willen lassen, dann übernimmt er das Zepter. Setzen wir aber konsequent die Einhaltung bestimmter Regeln durch, so imponiert ihm das.

Was erwartet der Hund vom Menschen?

Der Welpe, der aus dem Kreise seiner Geschwister, aus der Geborgenheit bei der Mutter heraus in eine neue Umgebung verpflanzt wird, erwartet – genau wie der ältere Hund, der aus einem Tierheim kommt oder von Privat den Besitzer wechselt – Orientierungshilfen. Er versucht herauszufinden, in welcher Welt er jetzt lebt: Wer oder was gehört zu dieser Welt? Wer hat hier das Sagen? Welche Rolle spielt er im sozialen Gefüge? Der Hund fühlt sich als neues Mitglied eines bestehenden Rudels und sucht seine Rolle darin. Vom Menschen erwartet er, daß er ihm genau diese Rolle zuweist.

Was erwartet der Mensch vom Hund?

Wir Menschen wiederum rechnen darauf, daß unser Neuer uns liebt, uns vielleicht sogar dankbar ist, daß er neugierig ist und verspielt. Wir schenken ihm Liebe und erwarten ein Feedback. Oder anders ausgedrückt: Wir neigen allzuoft dazu, unseren Hund zu vermenschlichen, indem wir davon ausgehen, daß er

denkt und handelt wie wir; wir sind irritiert durch »falsche« Reaktionen seinerseits auf unsere Worte und Handlungen und übersehen, daß unser Neuer unter umgekehrten Vorzeichen von genau derselben Voraussetzung ausgeht wie wir, nämlich, daß wir denken und handeln wie andere Hunde.

Wichtiger Hinweis:
Fast sämtliche Mißverständnisse zwischen Mensch und Hund, wie sie in vielen Beispielen noch aufgezeigt werden, sowie alle Verhaltensstörungen (mit Ausnahme solcher, die durch organische Schäden verursacht werden) wurzeln in der geschilderten Unkenntnis der Hundepsyche, dem Messen des Hundeverhaltens mit menschlichen Maßstäben.

Das Wichtigste in Kürze

- Im Hunderudel herrschen strenge Regeln.
- Jedes Mitglied des Rudels hat einen bestimmten Status innerhalb der Hierarchie.
- Mißachtung dieses Ranges wird (nach unten wie nach oben hin) geahndet.
- Vom Menschen erwartet der Hund, daß er ihm seinen Platz innerhalb des Familien-»Rudels« zuweist und sich konsequent wie ein Rudelführer verhält.
- Der Hund will exakt wissen, was er tun soll und was er nicht darf. Er erkennt einen Menschen, der ihm keine klaren Richtlinien für das erwartete Verhalten erteilt, nicht als Rudelführer an, sondern fühlt sich dann selbst als Leiter der Familie.

Wie lernt ein Hund?

Jedes Lebewesen, so auch der Hund, lernt, um zu überleben. Das Prinzip ist bei allen Geschöpfen das gleiche: Handlungen, die einem unangenehme Erfahrungen beschert haben, trachtet man künftig zu vermeiden, solche, die mit angenehmen Folgen verbunden waren, sucht man zu wiederholen. Beim Hund kommt noch eine dritte Lebensregel dazu: Wer sich im Rudel behaupten will, der muß denen, die über ihm stehen, Liebesdienste erweisen, er muß sich ins rechte Licht setzen, seinem Meister gefallen.

Die Erziehung innerhalb des Rudels

Die ersten Schulstunden erlebt der Welpe bereits bei Mutter und Geschwistern.

Von der Mutter und im Umgang mit den Geschwistern lernt der Welpe seine ersten Umgangsformen

Er lernt, daß der Stärkste die meiste Milch bekommt, und versucht deshalb, sich nach vorn zu boxen, ohne Rücksicht auf Verluste bei den Geschwistern.

Er macht die Erfahrung, daß es gefährlich ist, sich abseits seiner Familie zu bewegen, und sucht deshalb den Daueranschluß.

Im Spiel (den Hang dazu haben Hunde mit allen höheren Tieren gemein) lernt er, mit seinesgleichen zu kommunizieren: Er merkt bald, daß ernste Raufereien für beide Seiten Schmerzen bedeuten und man sich deshalb lieber über Kraftproben anderer Art einigt.

Er studiert das Mienenspiel der Mutter und ahmt es nach, er imitiert ihre Droh- und Schmeichelgesten.

Im echten Rudel folgt dieser Grunderziehung das Lernen fürs Leben auf recht rüde Art: Als Welpe bekam der Hund das Futter gebracht, jetzt ist er selbst Teil der Jagdgilde und muß warten, bis alle, die im Rang über ihm stehen, satt sind, bevor er sich seinen Anteil nehmen darf. Jede falsche oder mißliebige Handlung trägt ihm derbe Knuffe oder böse Bisse ein, später genügt warnendes Knurren,

Bei ihren Balgereien erfahren die Hundekinder, daß es Stärkere und Schwächere gibt. Sie kämpfen alle um den ersten und besten Platz in ihrem Minirudel. Dabei üben sie Körpersprache und Mimik, durch die sie später blutige Kämpfe verhindern

um ihn von einem Vorhaben abzubringen, weil er ja weiß, daß sonst härtere Maßnahmen folgen würden. Er begreift, daß er, wenn er sich nicht durchsetzt, stets der letzte am Futterplatz sein wird und immer am weitesten entfernt vom Kern der Truppe schlafen muß. Ist er körperlich schwach, fügt er sich und lebt fortan ohne Streß. Ist er stark, wird er bald einen besseren Platz ergattern, die damit verbundenen Vorteile genießen und wiederum zufrieden sein. Ist er noch stärker, kann er sich zur Spitze vorboxen. Dann ist er der Führer, dem alle schmeicheln (um der eigenen Vorteile willen), der erste beim Fressen, der mit dem bequemsten selbstgewählten Schlafplatz, der, dem alle folgen.

Für uns Menschen ist es schwer verständlich, daß ein Hund, der seine Position im Rudel gefunden hat, wesentlich zufriedener ist als einer, der noch um sie kämpft oder dessen Rang ihm von anderen streitig gemacht wird.

Nur intensive Beschäftigung mit dem Hund schafft die Basis für ein echtes Vertrauensverhältnis

Die Erziehung durch den Menschen

Kaum ein Junghund wächst heute noch in einem mehr oder weniger großen Rudel auf. Er wechselt, noch als Welpe, mit acht bis maximal zwölf Wochen seinen »Wohnsitz« und landet in einem für ihn neuen sozialen Gefüge: der Familie. Im Idealfall lernt er auch dort nach dem gleichen Prinzip. Jetzt nämlich, in der sogenannten Sozialisationsphase, ist seine Bereitschaft, sich überall reibungslos einzugliedern, am größten. Jetzt **will** er das Richtige tun, will er gefallen. Denn in diesem Lebensabschnitt gelten ihm noch alle Lebewesen, die ihn umgeben, als Autoritäten.

Nun beginnen aber die Schwierigkeiten für uns Menschen: Wie vermitteln wir einem Hund, was er tun und was er lassen soll? Wie verknüpfen wir unsere Wünsche mit hundlichen angenehmen bzw. unangenehmen Erfahrungen?

Gar so einfach ist das nicht, denn der Hund erfährt die Welt, die ihn umgibt, anders als wir.

Die Umwelt aus der Sicht des Hundes

Die nachstehend geschilderten Beispiele sollen diese Perspektive verdeutlichen und die daraus resultierenden Probleme aufzeigen:

Beispiel 1:

Für uns sind fünf Sessel um den Couchtisch fünf Sitzgelegenheiten, die sich beliebig austauschen lassen. Für unseren Vierbeiner jedoch stellen sie fünf völlig verschiedene Elemente dar – jedes mit einem anderen Geruch versehen. Daher faßt er das Verbot, auf diese Sessel zu springen, wahrscheinlich falsch auf: Er bezieht es nur auf den einen, auf dem er sich gerade befand, als das Verbot ausgesprochen wurde. Und vollkommen unverständlich ist ihm daher auch die Strafe, die folgt, wenn er auf einen doch für ihn völlig anderen Sessel springt.

Beispiel 2:

Ihr Hund kommt Ihnen mit der Leine im Maul in der Wohnung entgegen. Sie haben den Eindruck, er möchte damit anzeigen, daß er nach draußen will. Also loben Sie ihn und gehen mit ihm hinaus. Tatsächlich aber wollte der junge

Hund nur spielen und hat Sie in der ihm eigenen Art dazu aufgefordert. Ihre (falsche) Reaktion – das Lob und das für den Hund sehr angenehme Resultat eines im Moment nicht erwarteten Spaziergangs – hat nun zur Folge, daß er das Leinebringen mit Ihrer Nachgiebigkeit und dem Hinausgehen verbindet; somit wird er künftig seinen Wunsch, nach draußen zu gelangen, nachdrücklich mit dem Bringen der Leine verstärken. Ab jetzt bestimmt dann **er** den Zeitpunkt des Spaziergangs, und er kann sich zum richtiggehenden Tyrannen entwickeln, wenn Sie ihn nicht beizeiten stoppen.

Tip:

Damit Sie den berechtigten Wünschen Ihres Hundes – z.B. »Ich muß nach draußen« – nachgeben können, ohne in seinen Augen an Ansehen zu verlieren, gewöhnen Sie sich an, ihn immer, bevor Sie seinen Wunsch erfüllen, eine kleine Übung ausführen zu lassen, und wenn es nur »Sitz« ist. Oder legen Sie selbst eine Kunstpause ein, indem Sie sich intensiv einer anderen Tätigkeit widmen und dann erst »auf die Idee« kommen, mit ihm nach draußen zu gehen. Das kehrt die Verhältnisse um.

Beispiel 3:

Am gefährlichsten ist die folgende Situation: Sie werfen einen Ball, dem der Junghund sofort hinterherhetzt. Anschließend amüsieren

Sie sich königlich darüber, wie zäh er mit Ihnen um den Ball ringt. Weil er dabei so hinreißend aussieht, gönnen Sie ihm den Triumph und überlassen ihm sein Spielzeug. Der Hund kann das aber nie richtig verstehen. Für ihn sieht derselbe Sachverhalt so aus: Er jagt Ihnen eine Beute ab, verteidigt sie und gewinnt.
Diese angenehme Erfahrung sucht er fortan nicht nur zu wiederholen, sondern auch auf andere Situationen zu übertragen. Bald knurrt er drohend, wenn Sie sich seinem Futternapf nähern, fletscht die Zähne, wenn Sie in sein Revier eindringen, und läßt sich schließlich auch nur noch streicheln, wenn **er** das wünscht.

Vor solchen Mißverständnissen sind auch hundegeschulte Personen nicht gefeit. Immer wieder zitiertes Paradebeispiel ist der Blindenhund, der lernen sollte, vor einem Briefkasten kurz zu halten und ihn als Hindernis zu melden, weil er selbst zwar mühelos unter dem Kasten durchschlüpfen kann, nicht aber der viel höhere Mensch. Der Hundelehrer zog also mit einem Ruck an der Leine, sobald er

und sein Schüler vor dem Briefkasten standen, und wiederholte diese Übung auch von der anderen Richtung her. Sein gelehriger Schüler beherrschte das Halten und Melden schnell perfekt.
Bei der Probe aufs Exempel an einem anderen Briefkasten versagte er dagegen kläglich. Warum? Weil beim ersten Briefkasten aus einer Metzgerei gegenüber betörender Duft zu ihm drang, der alle anderen Eindrücke überdeckte. Beim Hund blieb hängen: Wenn es so duftet, mußt du stehenbleiben und deinem Menschen Bescheid geben ...

Solche Fehlverknüpfungen lassen sich im Zusammenleben zwischen Mensch und Hund nicht vermeiden. Wichtig ist lediglich, daß wir sie verstehen und darauf gefaßt sind, denn nur dann können wir die falschen Verknüpfungen auch wieder lösen. Im Falle des Blindenhundes bedeutet das, an den verschiedensten Briefkästen zu üben, so daß der Hund das Stehenbleiben weder mit einem bestimmten Geräusch noch mit einem besonderen Geruch verbinden kann, sondern nur **ein** logischer Zusammenhang für ihn möglich ist: der optische Eindruck.

Tip:
Wenn Sie merken, daß Ihr Hund durch irgendeinen Reiz plötzlich abgelenkt ist, brechen Sie eine Übung im Anfangsstadium lieber ab. Haben Sie Ihren Wunsch bereits ausgesprochen, lenken Sie die Aufmerksamkeit Ihres Hundes durch Aussprechen seines Namens in etwas schärferem Ton wieder auf sich, bevor Sie Ihren Befehl wiederholen.

Weltbild des Hundes

60 % Geruchsempfindungen
30 % akustische Signale
10 % optische Reize

Weltbild des Menschen

10 % Geruchsempfindungen
20 % akustische Signale
70 % optische Reize

Damit Sie am besten bei Ihrem Hund Fehlverknüpfungen beim Lernen möglichst ausschalten, wiederholen Sie alle Übungen an verschiedenen Orten, zu verschiedenen Zeiten und in immer wieder neuer Reihenfolge. Je nach Schwierigkeitsgrad einer Aufgabe kann es allerdings Monate dauern, bis ein Hund sie wirklich so beherrscht, wie Sie das wünschen. Umgekehrt versteht er möglicherweise ein Lob von Ihnen sofort richtig und wird sich ab gleich stets korrekt verhalten.

Der Hund kann nur im Jetzt denken

Noch eine Hundeeigenart führt zu zahlreichen Mißverständnissen zwischen Mensch und Tier: Das Hundehirn agiert im Jetzt. Es ist

Tibet-Terrier bei der »Sitz«-Übung

nicht in der Lage, Ihre Reaktion auf eine bereits abgelaufene Handlung mit dieser in Zusammenhang zu bringen.

Beispiel:

Geradezu exemplarisch ist die folgende Situation: Sie rufen Ihren Hund, er kommt nicht. – Sie rufen schärfer, er folgt wieder nicht. Erst beim dritten Versuch nähert er sich. Sie tadeln oder strafen ihn, weil er so spät kommt.

Das kann er nicht verstehen. Er hat für sich soeben die Erfahrung gemacht, daß er fürs Kommen bestraft wird. In Erwartung dieser für ihn unbegreiflichen Strafe zögert er beim nächsten Mal, Ihrem Ruf zu gehorchen. Natürlich wird er dann noch heftiger getadelt ...

Und so entsteht ein Teufelskreis, aus dem beide Partner nur herausfinden, wenn der Mensch sich in die Denkweise des Hundes hineinversetzt.

Wichtiger Hinweis:

Machen Sie sich bei der Erziehung immer eines klar: Ihr Hund kann nicht lernen, wie ein Mensch zu denken, zu handeln oder zu reagieren. Aber umgekehrt ist es möglich – Sie können und Sie müssen das tun.

Das Wichtigste in Kürze

- Junghunde lernen von der Mutter, von und mit den Geschwistern sowie durch Auseinandersetzung mit ihrer Umwelt, später vom Menschen.

► Ein Hund lernt nach dem Erfahrungsprinzip: Er verbindet jeden seiner Eindrücke und alle seine Aktivitäten mit guten oder schlechten Erfahrungen. Entsprechend strebt er entweder eine Wiederholung an oder trachtet, etwas Bestimmtes zu vermeiden.

► Gute Erfahrungen sind positive Sinnesreize wie Lob (Gehörsinn), Streicheleinheiten (Tastsinn), Belohnungen durch Leckereien (Geschmackssinn) oder Erreichen des gesteckten Zieles (Futter erbeuten, Wettrennen gewinnen, Willen durchsetzen).

► Negative Erfahrungen sind Schreck, Schmerz, unangenehme Sinnesreize (Geschrei, Genickschütteln) oder Nichterreichen des gesteckten Zieles (kein Futter bekommen, nicht spielen dürfen, keine Beachtung finden).

► Alle positiven wie negativen Erfahrungen bezieht ein Hund grundsätzlich auf das letzte Ereignis bzw. den letzten Sinneseindruck. Er lernt deshalb nur, etwas zu tun oder zu unterlassen, wenn Tat und prägendes Ereignis zeitgleich stattfinden bzw. unmittelbar aufeinanderfolgen.

Sowohl im eigenen Interesse als auch in dem des Menschen muß jeder Hund eine Grunderziehung erhalten. Grob läßt sich diese Erziehung einteilen in

- das Fördern instinktiver Verhaltensweisen
- das Lehren von Verhaltensweisen, die dem Hund wesensfremd sind, die er aber trotzdem lernen muß
- das Unterdrücken unerwünschter hundlicher Handlungen.

Angeborenes Verhalten fördern

Die Stubenreinheit

Zum angeborenen Verhalten, das wir unterstützen, gehört die Stubenreinheit. Sobalc der Welpe die erste feste Nahrung zu sich nimmt, trachtet er danach, sich abseits des Schlaf- und Freßplatzes zu entleeren. Das einzige, was wir ihm noch beibringen müssen: auch Wohnung, Garten, Gehsteige, Kinderspielplätze etc. sind tabu.

Tip:
Ein Hund, der nach einer Schlafpause aufwacht, hat normalerweise den Drang, Darm und Blase zu entleeren. Sie sollten also immer dann mit ihm auf seinen Toilettenplatz gehen.

»Bei Fuß«-Gehen

Auch der Folgetrieb ist angeboren. Freiwillig verläßt kein Mitglied das Rudel, alle achten darauf, sich nicht zu weit von den anderen zu entfernen. Deshalb bleibt der Hund von sich aus in unserer Nähe, paßt sich unserem Tempo sowie der Richtung und der Dauer unserer Spaziergänge an.

Den angeborenen Folgetrieb, der ihn immer in der Nähe seines Rudels hält, überträgt der junge Hund auf seinen Menschen

Ein gezieltes Unterstützen durch Stimmkontakt oder ein Anspornen durch gemeinsame Aktionen sind die besten Hilfestellungen für einen Hund der freiwillig »Bei Fuß« geht.

Kommen auf Aufforderung

Es gehört zu den unabdingbaren, grundlegenden Verhaltensweisen im Rudel. Der Lock-, Kriegs- oder Warnruf eines Mitglieds läßt alle anderen sich zusammenschließen oder im Bau verschwinden.

Tatsächlich erwartet der neu bei uns lebende Hund diesen Rückruf auch von uns. In der Theorie gehört daher die »Komm«-Übung zu den einfachsten, weil im hundlichen Verhalten festgelegt. In der Praxis zählt sie aber zu den schwierigsten – wegen der unzähligen, oben beschriebenen Mißverständnisse.

Es ist wichtig, daß der Welpe seinen Namen kennt und automatisch aufmerksam wird, wenn er fällt

Wesensfremde Verhaltensweisen antrainieren

Weitaus selbstverständlicher für uns Menschen, jedoch ungleich schwieriger für die Hundelogik sind die Erziehungsziele, die gar nicht ins Verhaltensrepertoire passen:

Das Hören auf den Namen

Es spricht für die erstaunliche Anpassungsfähigkeit des Hundes, daß praktisch jeder lernt, seinen Namen zu kennen und ihn auf sich zu beziehen. Denn die individuelle Ansprache von Hund zu Hund über die Stimme ist kein Bestandteil der Kommunikation im Rudel. Doch mit der ihm eigenen Logik erkennt auch der Welpe schnell, daß immer dann, wenn bestimmte Laute (in verschiedener Betonung, von verschiedenen Stimmen, in unter-

Tip:
Ein Hundename sollte höchstens zweisilbig sein. Dann ist er für den Hund leichter erkennbar, und wir können ihn in jeder Situation mit Erfolg einsetzen.

schiedlicher Lautstärke) zu hören sind, gleichzeitig seitens der Menschen direkter Kontakt zu ihm erfolgt: durch Streicheleinheiten, Futterangebote, Aufforderungen zum Spielen etc. Allmählich lernt er auch die gute oder verhängnisvolle Bedeutung der Tonlagen und Lautstärken verstehen. Und er begreift schließlich sogar, daß die menschliche Stimme das hauptsächliche Mittel der Kommunikation mit ihm darstellt – ganz im Gegensatz eben zur Verständigung im Rudel, die über Duftstoffe und Sichtzeichen erfolgt.

Tip:
In den ersten Wochen darf der Hund die Leine niemals als hemmend oder gar einengend empfinden. Binden Sie ihn also nirgends an, sondern legen Sie die Leine z.B. unmittelbar vor einem Spiel-Spaziergang an.

Das Gehen an der Leine

Es ist zwar dem Hundeinstinkt genauso fremd wie das Lernen des Namens, aber trotzdem ein Muß in der Hundeerziehung. Zunächst versetzen Halsband und Leine jeden Hund natürlicherweise in eine Art Klaustrophobie – er fühlt sich gefangen und versucht, »die Kette« loszuwerden. Es gibt Hunde, die sich ein Leben lang gegen die Leine wehren, sich ins Geschirr werfen und zerren oder sich hinsetzen und gezerrt werden müssen, weil ihnen der Sinn dieses Instruments niemals auf Hundeart klargemacht

Die Leine ist ein wichtiges Erziehungsinstrument. Der Junghund gewöhnt sich daran, wenn er ihr Anlegen mit einem freudigen Ereignis, z. B. dem Spaziergang verknüpft

»Sitz« ist ein Kommando, das jeder Mensch durchsetzen kann. Deshalb sollte es auch jeder Hund beherrschen

wurde, nämlich daß sie durch diesen »verlängerten Arm« quasi körperlichen Kontakt zu ihrem Menschen haben.

Tip:

Verbinden Sie das Anlegen des Halsbandes beim Welpen stets mit einem schönen Erlebnis. Wenn er beispielsweise immer dann den ungewohnten Druck spürt, wenn Sie ihm sein Fressen vorsetzen, verknüpft er: Halsband gehört zum Futter – und empfindet es als angenehm.

Das Kommando »Sitz«

Fast genauso widersinnig wie die Leine dürfte das Kommando »Sitz« für jeden Hund sein, denn es kommt ebenfalls im normalen Rudelleben schlicht nicht vor. Trotzdem sollte auch das »Sitz« zum absoluten Muß in der Grunderziehung gerechnet werden – aus zweierlei Gründen:

- Es ist für jeden Menschen bei jedem Hund ohne Gewaltanwendung durchzusetzen.
- Es ist das Anfangsinstrument der sogenannten Unterordnung: Der Hund tut etwas nur deshalb,

weil sein Mensch das so will. Damit stehen die Weichen für die Rollenverteilung innerhalb der Familienhierarchie bereits ganz automatisch richtig.

Unerwünschte Handlungen unterdrücken

»Pfui«, »Nein«, »Aus«

Neben den bisher genannten Anweisungen, etwas zu tun, die dem

Lassen Sie nicht locker – der Hund muß seine Beute auf Ihr »Aus« hin abgeben

Hund teilweise einleuchten, teilweise für ihn aber auch widersprüchlich sind, gehört zur Grunderziehung auch das Klarmachen von Tabus, die ihm über die drei Worte »Pfui«, »Nein« und »Aus« vermittelt werden.

Weil alle drei, wenn auch nicht verbal, in der Hundesprache ebenfalls vorkommen, lernt der Hund sehr schnell, was er niemals darf (Pfui), was er jetzt nicht darf (Nein) bzw. was er abgeben muß (Aus). Allerdings muß er dazu natürlich zuerst die Bedeutung dieser drei Worte für ihn begriffen haben. Folglich ist es für denjenigen, der einen Hund erziehen will, nicht nur wichtig zu wissen, was das Tier lernen muß, sondern mindestens ebenso, wie man es ihm am deutlichsten klarmacht.

Einige ganz normale Verhaltensweisen jedes Hundes müssen wir unterdrücken, weil sie das Zusammenleben mit uns Menschen erheblich beeinträchtigen können.

Die Grundlagen der Hundeerziehung

Lernbasis		**Lernziel**
• Verstärkung angeborenen Verhaltens	▶	Stubenreinheit Bei Fuß gehen Auf Ruf kommen Auf Wunsch Beute auslassen

• Lernen untypischen Verhaltens	▶	An der Leine laufen Auf den Namen hören Sich auf Wunsch setzen
• Unterlassen unerwünschter Handlungen (Nie!)	▶	Tabus akzeptieren Aktivitäten auf Wunsch stoppen (Nicht jetzt, nicht hier, nicht so!).

Dazu gehören das **Hetzen** kleinerer Lebewesen (Beute), das **Angreifen** von Eindringlingen (wie z.B. des Briefträgers) und natürlich der **Fortpflanzungstrieb.**

Kapitel 2

Erziehungspraxis

Wie bringe ich einem Hund bei, was er tun soll?

Der junge Hund, der nicht beim Menschen, sondern im Rudel aufwächst, lernt durch Nachahmung des Verhaltens seiner Artgenossen. Oder er probiert selbst etwas im Spiel aus und merkt durch eine positive Erfahrung oder die positive Reaktion der anderen Hunde, daß diese Handlung erwünscht war.

Nun können wir Menschen einem Hund aber nicht alles vormachen, was er tun soll, weil wir weder über die entsprechende Körpersprache noch über das notwendige Verhaltensrepertoire verfügen. Wir haben also lediglich die Möglichkeiten, ein Verhalten, das der Hund nur zufällig zeigt, das wir aber wünschen, durch positive Reaktion zu unterstützen, ihn zu lehren, einige unserer Gesten und Worte zu verstehen, und unerwünschte Verhaltensweisen zu unterdrücken.

Körperstellung, Gesten, Mimik und das gesprochene Wort zusammen signalisieren dem Hund, was er tun soll

Bevor Sie dem Hund Ihren Wunsch klarmachen, muß er erst auf Sie aufmerksam werden

Voraussetzung: Der Hund muß seinen Namen kennen

Das erste, was ein junger (oder auch ein älterer) Hund deshalb lernen muß, ist, auf seinen Namen zu hören. Wenn wir das richtig anfangen, wird er jedesmal, wenn er diesen Namen hört, aufmerksam werden und alle seine Sinne auf uns richten – womit die beste Voraussetzung für eine reibungslose Erziehung gegeben ist.

Tip:

Gewöhnen Sie Ihren Hund an ein »Entspannungswort«, mit dem Sie eine Übungslektion beenden. Durch ein »Jetzt lauf!« oder »Spielzeit!« weiß er dann, wann der Unterricht zu Ende ist. So ein Finalesignal wirkt als angenehme Erfahrung und beeinflußt das Lernverhalten vorher positiv.

Wählen Sie für Ihren Hund einen unverwechselbaren Namen mit höchstens zwei Silben – einen solchen Namen behält er leichter

Die direkte Ansprache ist wichtig

Verwenden Sie den gewählten Namen von Anfang an ausschließlich in Situationen, in denen Sie gleichzeitig auch den Hund direkt ansprechen. Nur so lernt er, daß sein Name gleichbedeutend ist mit der Aufforderung: »Paß auf! Ich möchte etwas von dir.« Vermeiden Sie also die – sehr menschliche – indirekte Ansprache.

Beispiel 1:

Ihr Hund hat sich vorhin irgendwie schlecht benommen. Jetzt liegt er in seinem Körbchen. Sie sehen ihn an und seufzen: »Hasso, was hast du mir vorhin wieder angetan.«

Beispiel 2:

Oder – wieder sehr menschlich – Sie erzählen Ihrem Hund, daß es nachher Futter gibt daß Sie morgen mit ihm zum Tierarzt gehen werden etc.

Weder im einen noch im anderen Fall passiert für den Hund etwas. So wird er zwar wahrscheinlich beim ersten Mal noch die Ohren spitzen, doch weil nichts von ihm verlangt wird, gewöhnt er sich, wenn so etwas immer wieder vorkommt, daran, daß sein Name auch fällt, wenn ihn die Sache gar nichts angeht. Unter diesem Gesichtspunkt erscheint nun seine Reaktion, mal zu hören und mal nicht, völlig logisch.

Wichtiger Hinweis:
Benutzen Sie also den Namen des Hundes nur in direktem Zusammenhang mit einem Ereignis, und zwar mit einem, das er sehr schnell mit seinem Namen verbindet, wie Futter bekommen, gestreichelt werden, mit Herrchen oder Frauchen spielen dürfen. Das bedeutet: Der Klang seines Namens weckt positive Erwartungen in ihm, wird zum Signal für etwas Angenehmes. Diese Erwartungshaltung prägt sich dann fest ein und hat zur Folge, daß gleichzeitige andere Empfindungen (Gerüche, andere akustische Reize, visuelle Wahrnehmungen) davon überdeckt werden. **Selektive Wahrnehmung** nennt die Wissenschaft dieses Phänomen.

Wenn Sie dieses selektive Wahrnehmen bei Ihrem Hund erreichen, haben Sie eine solide Erziehungsbasis: Egal ob er gerade mit Artgenossen spielt, ob er tief schläft oder ob er einem Kaninchen nachjagt – Ihr Ruf läßt ihn stutzen.
Diesen Vorteil können Sie im Laufe der Grunderziehung immer mehr nützen. Was ein Hund tun soll, lernt er nämlich nur, wenn der Menschenwunsch in Verbindung mit seinem Namen geäußert wird, er also ein Kommando auch auf sich bezieht.

Tip:
»Warte« zeigen Sie einem Hund durch Ihre auf ihn hin gestreckte Hand und langsames Zurückgehen. Sobald er Ihnen folgen will, lassen Sie ihn sich wieder setzen. Versuchen Sie's dann erneut. Und lösen Sie die Spannung durch ein »Komm«, das Sie mit einem Lob verbinden.

Dem Hund klarmachen, was erwünscht ist

Im Hundehirn kommt auf dreierlei Weise an, daß eine Handlung erwünscht ist:

1. Der Hund tut etwas und wird dafür gelobt

2. Sie bringen ihn dazu, etwas zu tun, und er wird dafür gelobt

3. Er tut etwas, und es folgt dieser Tat kein Tadel

In allen drei Fällen schließt er aus Ihrer Reaktion, daß seine jeweilige Aktivität erwünscht ist.

Immer dann, wenn Ihr Hund durch Zufall etwas Richtiges tut, fassen Sie das in Worte und loben ihn. Auf diese Weise verknüpft er Ihren Wunsch mit seinem Tun

Zur ersten Kategorie gehören:

aus der Grunderziehung

- das Hören auf den Namen
- das Kommen auf Ruf
- das Gehen bei Fuß

aus der weiterführenden Erziehung

- das Apportieren
- das Spurensuchen
- das Melden und Verbellen
- die meisten Hundesportarten

Zur zweiten Kategorie gehören

aus der Grunderziehung

- »Sitz«
- »Aus«

aus der weiterführenden Erziehung

- »Bleib«
- »Steh«
- die verschiedensten Übungen der »Hohen Schule« bei Polizei- und Blindenhunden

Zur dritten Kategorie gehören: alle Handlungen, die nur zu bestimmten Zeiten bzw. Anlässen oder an bestimmten Orten erwünscht sind, also

- die Stubenreinheit
- das Bewachen und Beschützen der Familie, aber auch
- das Schlafen im Körbchen
- das problemlose Alleinbleiben
- das Fressen

Zufällig richtiges Handeln unterstützen

»Komm«

Am leichtesten prägt sich dem Hund eine richtige Verhaltensweise ein, wenn er für etwas gelobt wird, das er ohnehin gerade tut. Das können Sie beispielsweise beim Kommen ausnutzen. Wann immer Ihr Hund in der Wohnung oder draußen beim Spaziergang auf Sie zukommt, nennen Sie seinen Namen, sagen (für Sie überflüssigerweise) »Komm« und loben ihn, wenn er bei Ihnen ist. Sein Name, das sofort folgende »Komm« und die angenehme Erfahrung durch Ihre Freude verknüpfen sich für ihn schnell miteinander. Machen Sie dann die Probe aufs Exempel: Wählen Sie eine Situation, in der Ihr Hund möglichst wenig abgelenkt ist, rufen Sie seinen Namen und »Komm«, und freuen Sie sich deutlich, wenn er gehorcht.

Tip:

Das »Komm« wirkt besonders stark, wenn Sie mit dem hungrigen Hund spazierengehen und mit Ihrem Ruf ein Rascheln der Futtertüte verbinden.

Wichtiger Hinweis:

Überfordern Sie den Hund anfangs nicht. Rufen Sie ihn nicht erst, wenn er schon hundert Meter von Ihnen entfernt ist, reißen Sie ihn auch nicht aus einem übermütigen Spiel mit Artgenossen heraus oder weg von einer spannenden Fährte. Lassen Sie sich und Ihrem Vierbei-

Unterstreichen Sie Ihr »Komm« dadurch, daß Sie die Richtung ändern und sich vom Hund entfernen

ner Zeit für solche schwierigen Gehorsamsübungen, denn jeder Mißerfolg lockert die Verbindung zwischen Ihrem Wunsch und der Hundehandlung mit anschließendem Lob, weil das Tier ja daraus lernt: Ich werde gerufen, aber ich komme nicht, und nur das Erfolgserlebnis fehlt, sonst passiert nichts.

Wie schon ausführlich erklärt, kann auch nichts passieren, denn Sie könnten Ihren Hund erst tadeln, wenn er wieder da ist. Dann aber ist die Situation für ihn eine völlig neue und hat für ihn keinerlei Zusammenhang mehr mit dem längst vergessenen Ruf und seiner Befehlsverweigerung. Allerdings können Sie etwas tun, um Mißerfolge von vornherein zu verhindern, und zwar den Drang Ihres Hundes zum Kommen unterstützen. Sein natürliches Bestreben, Kontakt zu Ihnen zu halten, läßt ihn nämlich immer (für Sie unmerklich) einen Teil seiner Sinne auf Sie richten. Solange er Sie in Nase, Ohr und Auge behält, ist seine Welt in Ordnung. Beherzigen Sie daher die nachstehenden **Grundregeln:**

- Rufen Sie nicht zu laut. Je schwächer der Ruf beim Hund ankommt, desto eher ist er alarmiert, weil er Sie dann weiter weg wähnt.
- Gehen Sie beim Rufen in die Knie. Das macht Sie klein und verunsichert den Hund, der Sie nur noch als »Punkt« erkennen kann.
- Entfernen Sie sich nach dem Rufen in die Gegenrichtung. Die Angst, den Kontakt zu verlieren, wird Ihren Vierbeiner zu beschleunigtem Kommen veranlassen.
- Rabiatestes Mittel: Verstecken Sie sich unmittelbar nach dem Rufen. Manche Hunde geraten

Das »Bei Fuß«-Gehen muß man mit dem Hund so intensiv trainiert haben, daß es auch ohne Leine klappt

regelrecht in Panik, wenn ihr Mensch verschwunden ist.

Wichtiger Hinweis:

Welche Mittel Sie auch anwenden, wie lange es auch dauern mag, bis Ihr Hund folgt, wie ärgerlich, nervös oder verzweifelt Sie auch sein mögen: Sobald Ihr Vierbeiner bei Ihnen eintrifft, müssen Sie ihn loben, sich freuen, ihn begrüßen. Niemals, unter keinen Umständen, dürfen Sie Ihre Stimmung jetzt auf ihn übertragen, sonst erreichen Sie genau das Gegenteil dessen, was Sie anstreben.

»Bei Fuß«-Gehen

Ähnlich funktioniert es, wenn Sie dem Hund Gehen in Ihrer Nähe bzw. das »Bei Fuß«-Gehen beibringen wollen. Sie loben den Hund für das zufällig richtige Handeln und bringen Sinn in Ihr Lob, indem Sie den Vierbeiner ansprechen (Name) und »Fuß« sagen.

Mit kleinen Tricks können Sie das Laufen neben sich provozieren. So wird eine gut riechende Belohnung in Ihrer Hand, die praktisch vor der Nase des Hundes lockt, ihn davon abhalten, sich von Ihnen (und der Belohnung) zu entfernen. Ihr »Fuß«

Tip:

Übertreiben Sie diese Übung nicht. Besser ist es, mehrmals am Tag nur ein, zwei Minuten auf dem »Fuß« zu bestehen, dann überwiegt die angenehme Erfahrung.

prägt sich so auch tiefer ein, denn es fällt ja im Zusammenhang mit einem verführerischen Duft.

Lassen Sie zwischendurch die Wurst einmal weg, und halten Sie lediglich die geschlossene Hand vor die Hundeschnauze. Das »Fuß« bleibt. Und schließlich brauchen Sie auch die Hand nicht mehr – Ihre Aufforderung allein genügt.

Eine weitere Hilfe ist es, wenn Sie sich (erst einmal) dem normalen Hundetempo anpassen. Einem jungen, verspielten Hund fällt es schwer, sich unserem langsamen Tempo anzugleichen. Anfangs ist es auch nicht wichtig, daß er stramm zu Ihrer Linken mit Ihnen Schritt hält. Das kann er lernen, wenn die Beziehung zu Ihnen bereits gefestigt ist. Jetzt soll er vor allem einige Minuten an Ihrer Seite bleiben, wofür er ein Lob oder eine Leckerei erhält.

Wenn Sie über »Komm« und »Fuß« gelernt haben, sich in das Hundedenken einzufühlen, werden weitere Übungen für Sie (und Ihren Vierbeiner) leicht sein. Verknüpfen Sie einfach alle seine Handlungen, die Ihnen gefallen, mit einem bestimmten Wort und seinem Namen und

loben Sie ihn. Bringt er Ihnen einen Ball, rufen Sie »Bring ihn« oder »Apport«. Folgt er mit der Nase einer Spur, so fordern Sie ihn zum »Such« auf. Loben Sie ihn dann für alles, was er gefunden hat – selbstverständlich nur, solange Sie das gutheißen.

Wichtiger Hinweis:

Denken Sie immer daran, daß ein Nichtbefolgen niemals geahndet werden darf, denn eine Strafe für etwas, das er **nicht** tut, kann ein Hund nicht verstehen, weil er sich – anders als wir Menschen – einer Unterlassung nicht bewußt ist.

Erwünschte Aktivitäten erzwingen

Noch nachhaltiger als das Lob für zufällig erfolgte Handlungen prägt sich jedem Hund eine von uns erzwungene Aktivität ein, allein schon deshalb, weil sie nicht zu seinem normalen Verhaltensrepertoire gehört, also etwas Besonderes ist.

»Sitz«

Sie heißen den Hund, sich zu setzen, indem Sie seinen Namen aussprechen, »Sitz« sagen und ihm gleichzeitig durch Druck auf den Rücken Ihren Wunsch zu verstehen geben. Ist er unwillig, verstärken Sie den Druck so lange, bis die Hinterläufe nachgeben. Unmittelbar danach loben Sie das Tier und entlassen es aus der ungewohnten Situation – jedenfalls am Anfang.

Wichtiger Hinweis:

Sobald Sie Ihren Wunsch ausgesprochen haben, dürfen Sie sich **niemals** und **unter keinen Umständen** auf einen Kompromiß einlassen, sondern Sie müssen darauf bestehen, daß der Hund sich setzt. Vergessen Sie auch niemals das Lob oder ein kurzes Kraulen, wenn er gehorcht hat.

Üben Sie täglich mehrmals, in der Wohnung, beim Spazierengehen, vor der Futtergabe, nach dem »Komm« oder aus dem Stegreif. Das Ziel »Sitz« soll zum automatischen Reflex werden, der den Hund immer veranlaßt, sich ohne »Nachdenken« und Zögern hinzusetzen – auch wenn Sie weit von ihm entfernt sind oder er sich in höchstem Erregungszustand befindet. Falls

Üben Sie das »Sitz« nur, wenn der Hund unmittelbar in ihrer Nähe ist, Sie also jedesmal eingreifen können, wenn er nicht folgt

Sie das erreichen (und es ist gar nicht so schwierig, wenn Sie von Anfang an konsequent sind), können Sie sich dieses Wortes immer dann bedienen, wenn Sie sich durchsetzen müssen, wenn Sie in einer schwierigen Situation nicht mehr weiterwissen, wenn es zum Machtkampf zwischen Ihnen und Ihrem Hund kommt.

»Aus«

Dieses Wort sollte für den Hund ähnlich wichtig werden wie »Sitz«. Auch das »Aus« kann man erzwingen – beim noch jungen Hund. Benutzen Sie es, zusammen mit dem Hundenamen, wenn Ihr Hund gerade einen Knochen im Maul hat, einen Schuh herumträgt, vielleicht das Stuhlbein zerknabbert. Gleichzeitig greifen Sie zu und erzwingen das Auslassen der »Beute« (denn Futter und Spielzeug sind für jeden Hund Beute).

Folgende **Grundsätze** müssen Sie auf jeden Fall bei dieser Übung beachten:

- Rufen Sie niemals »Aus«, wenn Sie vorhaben, mit dem Hund um einen Knochen zu rangeln.
- Unterdrücken Sie das »Aus« immer dann, wenn Sie keinen Einfluß auf die Befolgung haben, also z. B. wenn Sie zu weit vom Hund entfernt sind.

Solche Zerrspiele um ein Spielzeug müssen grundsätzlich mit dem Sieg des Menschen enden, sonst verliert er gegenüber seinem Hund an Autorität

Lassen Sie sich nach einem ausgesprochenen »Aus« niemals durch ein Knurren oder einen Fluchtversuch irritieren.

Die letztgenannten Verhaltensweisen sind normal für einen Hund, der seine Beute verteidigen oder in Sicherheit bringen will. Doch gleichgültig, wie treuherzig er Sie anschaut oder wie trickreich er sein Hab und Gut verteidigt: Sobald Ihr »Aus« im Raum steht, gibt es kein Zurück mehr – der Hund muß die Zähne auseinandernehmen und Stuhlbein, Ball oder Knochen Ihnen überlassen. Loben Sie ihn um so freundlicher, je eher er nachgibt. Aber seien Sie auch dann nicht zu sparsam mit Ihrem Lob, wenn er's nur widerwillig tut. Ein Tadel kommt von vornherein nicht in Betracht, weil ein Nichtbefolgen ja nicht möglich sein darf.

Haben Sie sich aber doch einmal zu einem »Aus« hinreißen lassen, obwohl der Hund nicht in Ihrer Reichweite ist und keine Anstalten macht, sich von seiner Beute zu trennen, so ignorieren Sie dieses Nichtbefolgen - ahnden dürfen Sie es nicht, weil der Hund das ja nicht verstehen könnte.

Bleiben Sie konsequent!

Das Konsequentsein, das bei »Sitz« und »Aus« unabdingbar notwendig ist, sollten Sie sich bei allen Wünschen, deren Erfüllung Sie durchsetzen können, angewöhnen. Es hebt Ihr Ansehen in den Augen des Hundes ungemein. Hunde sind – ganz anders als Menschen – gute Verlierer, deren Selbstbewußtsein nicht darunter leidet, wenn sie sich beugen.

Mal ja, mal nein

Bei der dritten Kategorie wird's problematischer: deshalb nämlich, wenn der Hund etwas mal tun, mal unterlassen soll. Da müssen Sie einerseits so konsequent mit Lob und Tadel arbeiten, daß es

unmißverständlich beim Adressaten ankommt, andererseits aber müssen Sie auch so manches Lob unterdrücken, das der Hund nicht verstehen würde. So kann er es z.B. nicht begreifen, wenn Sie ihn loben, weil er etwas **Unerwünschtes nicht** tut. Er bezieht dieses Lob zwangsläufig auf irgend etwas anderes. Oder es rauscht buchstäblich an ihm vorbei – und damit entwerten Sie die für Sie wichtigste Erziehungshilfe.
Genausowenig wie Lob für »Nichttun« kann der Hund verstehen, wenn er für ein und dieselbe »Tat« mal gelobt, mal getadelt wird. Es gilt also, dabei so vorzugehen, daß das Tier den Unterschied auch erfassen kann.

Die Stubenreinheit

Ein Hund muß sich entleeren. Das soll er aber weder in der Wohnung noch im Garten, weder auf Kinderspielplätzen noch auf menschlichen Spazierwegen oder auf der Straße tun. Dem jungen, unverbildeten Hund können Sie das umgekehrt begreiflich machen. Sie setzen ihn einfach dorthin, wo er machen soll, sagen dabei seinen Namen, fordern ihn – z.B. mit »Mach mal« – zur Tat auf und loben ihn, wenn er der Natur und Ihnen gehorcht hat. Das erfordert natürlich ein bißchen Fingerspitzengefühl, denn Sie müssen ja ahnen, wann er hinaus muß.

Tip:

Welpen und Junghunde können Darm und Blase noch nicht gut regulieren. Sie sollten daher zehn bis zwanzig Minuten nach jeder Mahlzeit ins Freie gebracht werden.

Wichtiger Hinweis:
Gehen Sie anfangs lieber einmal zu oft als einmal zu wenig mit dem Welpen zu seinem Toilettenplatz.

Mit dem Loben hören Sie auf, sobald der Hund die Toilette akzeptiert hat. Ab jetzt gilt es nur noch, ihn dann mit einem scharfen »Nein«

(dazu mehr im nächsten Kapitel) zu tadeln, wenn er sich an einem verbotenen Platz entleeren will. So versteht er, daß nicht das Sichentleeren als solches unerwünscht ist, sondern nur das Wo.

Bewachen und Beschützen

Das sind ebenfalls zweischneidige Erziehungsziele. Natürlich wollen Sie, daß Ihr Hund einen Fremden verbellt, daß er notfalls eingreift, wenn Sie bedroht werden. Doch er soll (z.B. in einem Hochhaus mit vielen Parteien) nicht jeden, den er hört, anzeigen, sondern zwischen guten und bösen Menschen unterscheiden.

Eine eigene Aufforderung, »Verdächtiges« zu melden, braucht kein Hund. Hier kommt Ihnen der angeborene Melde- und Wachtrieb zugute. Unterstützen Sie ihn, indem Sie kurz das Anzeigen loben, den Hund aber sofort zu einer anderen Aufgabe rufen. Die Folge: Er hat ein Erfolgserlebnis, weiß, daß er das Richtige getan hat, versteht aber auch, daß kein längeres Bellen, Knurren oder Drohen mehr verlangt wird, denn Sie lenken seine Aufmerksamkeit ja bereits auf etwas anderes.

Das Alleinbleiben

In gewisser Weise gehört auch das problemlose Alleinbleiben zu den Erziehungszielen, die man nur mit viel Fingerspitzengefühl erreichen kann. Natürlich möchten Sie, daß Ihr Hund sich meldet, wenn er Ihnen verlorengeht. Sie wollen auch, daß er den Kontakt zu Ihnen sucht. Aber er soll andererseits im Auto, vor einem Geschäft oder zu Hause mucksmäuschenstill warten, bis Sie wieder da sind.

Aktiv können Sie Ihren Wunsch durch eine »Warte«, verbunden mit Lob, wenn er sich ruhig verhält, an

Damit Sie erreichen, daß Ihr Hund gesittet und ohne zu bellen im Auto auf Sie wartet, müssen Sie einiges an Erziehungsarbeit leisten

den Hund bringen. Besser ist es allerdings, ihn erst für Minuten, später für eine Stunde, schließlich für jeden zumutbaren Zeitraum allein zu lassen und diesen Zustand als etwas Selbstverständliches darzustellen. Belohnen Sie das Warten einfach durch Freude beim Wiedersehen. Tadel für Fehlhandlungen oder Fehlverhalten während Ihrer Abwesenheit, wie Zerstörung von Mobiliar, Jaulen oder Stubenunreinheit, kommt nicht an, weil all das für das Hundegedächtnis dann längst vergangen ist. Es bleibt Ihnen tatsächlich nichts anderes übrig, als solche Vorfälle einfach zu ignorieren und sich – all Ihren Emotionen zum Trotz – über das Wiedersehen mit Ihrem Vierbeiner zu freuen.

Wichtiger Hinweis:
Strafe und Tadel, beides ebenfalls notwendige Erziehungsinstrumente, sind nur dann sinnvoll, wenn sie unmittelbar mit einer unerwünschten aktiven Handlung in Zusammenhang stehen.

Das Fressen

Alles, was gut riecht, lockt einen Hund zum Ausprobieren. Alles, was die anderen Rudelmitglieder zu sich nehmen, will er auch haben. Beides ist natürlich. Sie aber möchten kei-

Wie lernt ein Hund, was er tun soll?

Aufforderung durch den Menschen	Reaktion des Hundes	Folge für den Hund	Konsequenz beim Hund
Namensruf	Aufmerken	Lob, Futter	positive Verknüpfung des menschlichen Befehls mit der eigenen (hundlichen) Handlung
»Komm«	zufällige Annäherung	Ruf »Komm« & Lob	
»Sitz« (Befehl und seine Durchsetzung)	erzwungener Gehorsam	Lob	

nen Hund, der in Ihrer Abwesenheit alles Eßbare, das herumliegt, klaut, und erst recht keinen, der Straßenabfälle verschlingt. Nun können Sie Ihrem Vierbeiner das Fressen an sich aber nicht verbieten. Die einfachste Art, ihm klarzumachen, was er fressen darf und was nicht, ist die Einführung ausnahmslos fester Futterplätze und -zeiten. Jeglichen Versuch Ihres Hundes, sich zusätzlich nebenbei zu bedienen, ignorieren oder unterbinden Sie. Jetzt z.B. bewährt es sich, daß er den Befehl »Aus« gelernt hat, denn mit ihm können Sie auch aus einiger Entfernung agieren.

Anhand dreier Kommandos zeigt die Übersicht auf Seite 46, wie Lernen beim Hund funktioniert.

Das Wichtigste in Kürze

- Sprechen Sie Ihren Hund immer direkt mit seinem Namen an, damit er automatisch aufmerksam wird, sobald dieser Name fällt
- Fördern Sie erwünschtes Verhalten durch ein Lob, sobald der Hund es zufällig zeigt

T ip:

Wenn Sie Ihr Tier rufen, muß auch etwas folgen. Gewöhnen Sie sich an, Ihren Hund, sobald seine Aufmerksamkeit auf Sie gerichtet ist, entweder durch ein »Komm« zu sich zu holen oder ihn sitzen zu lassen und ihn dann dafür zu loben.

- Lassen Sie das Tier durch direktes Eingreifen ein erwünschtes Verhalten an den Tag legen, und loben Sie es für sein (erzwungenes) Gehorchen
- Loben Sie immer nur, wenn der Hund etwas Erwünschtes tut
- Loben Sie **nie**, wenn der Hund etwas Unerwünschtes **nicht** tut
- Freuen Sie sich deutlich über jedes Gehorchen, auch wenn es eine noch so leichte Übung ist, und loben Sie danach immer
- Ignorieren Sie zufälliges Fehlverhalten
- Setzen Sie Ihre Befehle anfangs nicht ein, wenn der Hund stark abgelenkt ist, das überfordert ihn
- Üben Sie lieber mehrmals und dafür kürzer
- Üben Sie an verschiedenen Orten und zu verschiedenen Zeiten, denn so lassen sich Fehlverknüpfungen am besten vermeiden
- Bestehen Sie nach einem einmal ausgesprochenen Befehl auf unbedingte und kompromißlose Ausführung

Wie bringe ich einem Hund bei, was er nicht tun darf?

Gebote können Sie positiv verstärken, indem Sie sie mit Lob, Belohnungen oder angenehmen Erlebnissen verknüpfen.

Verbote belegen Sie im Gegensatz dazu negativ. Dazu haben Sie folgende Möglichkeiten:

- Sie reagieren gar nicht auf die Versuche des Hundes, etwas Unerwünschtes zu tun, und vermitteln ihm so ein Mißerfolgserlebnis
- Sie lenken eine unerwünschte, aber artspezifische Handlung in eine Ersatzhandlung um, überlagern also eine potentielle schlechte durch eine gute Erfahrung
- Sie unterbinden eine Handlung, die nie erwünscht ist, mit einem »Pfui«
- Sie unterbinden eine Aktivität, die jetzt oder hier nicht erwünscht ist, mit einem »Nein«
- Sie ahnden eine unerwünschte Handlung, die er gerade beginnt, mit einem für den Hund verständlichen Einwirken und belegen sie damit negativ
- Sie stoppen eine unerwünschte Handlung durch Ihr Eingreifen und belegen sie gleichzeitig negativ

durch einen Schreck oder ein für den Hund unangenehmes Erlebnis

Das Nichtreagieren

Diese erste Maßnahme ist für das Betteln bei Tisch, das Kratzen an der Tür, das Bellen, um Aufmerksamkeit auf sich zu lenken, und viele andere »Erpressungsversuche« empfehlenswert. Ein Hund, der gelernt hat, daß ihm weder Jaulen noch Fiepen, weder Bellen noch Schmeicheln nützt, verliert die Lust an seinem Tun – es gibt sich also von selbst. Hat er dagegen auch

nur ein einziges Mal Erfolg, wird er Ihre Geduld gewaltig strapazieren und Ihnen das Konsequentbleiben sehr erschweren. Denn ab dann agiert er nach dem Prinzip Hoffnung: Wenn er nur stur genug ist, könnte er an sein Ziel kommen.

Deshalb dürfen Sie sich niemals erweichen lassen, wenn Ihr Hund einen Happen vom Tisch will. Geben Sie auch nicht sofort nach, wenn er lautstark begehrt, nach draußen gelassen zu werden, sondern schieben Sie zuerst eine Gehorsamsübung (z.B. »Komm« oder »Sitz«) ein. Diese Konsequenz müssen allerdings alle Familienmitglieder zeigen. Denn jeder Hund erkennt die Lücke im Rudel schnell.

Begrüßung à la Hund darf nicht bestraft werden. Besser ist es, das Sprungritual in ein anderes umzufunktionieren

Tip:

Sie sollten das Konsequentsein allerdings üben, denn Sie dürfen dem Hund dabei weder einen Blick schenken, noch Ihre Stimme oder Körperhaltung ändern, und das ist anfangs nicht einfach. Er merkt nämlich sofort, wenn Sie ihm auch nur die geringste Aufmerksamkeit schenken.

Das Ab- oder Umlenken

Eine Ablenkung bzw. ein Umlenken in eine andere Handlung ist immer dann erforderlich, wenn Ihr Hund etwas instinktmäßig tut, Sie das aber nicht wünschen.

Beispiel:

Alle Welpen begrüßen heimkehrende Rudelmitglieder durch Hochspringen. In der Regel nämlich haben die Heimkehrenden Beute dabei, und derjenige, der am höchsten springt und mit seinem Maul an die Lefzen des Beuteträgers gelangt, bekommt den besten Bissen ab. Als Ritual behalten auch erwachsene Hunde dieses Anspringen und »Küßchengeben« als Begrüßung bei.

Der Haushund hat dieses Verhalten geerbt, es ist aus Hygienegründen und (bei großen Hunden) auch wegen Verletzungsgefahr jedoch nicht erwünscht.
Eine Strafe für seine Freundlichkeit könnte der Hund nie begreifen, die Folge wäre Angst vor Ihnen und vor jeglicher Annäherung. Also müssen Sie ihm die Möglichkeit geben, seine Freude über Ihre Ankunft anders auszudrücken. Kommen Sie z.B. einige Male mit einem Ball nach Hause, und werfen Sie diesen Ball unmittelbar bevor der Hund zum Sprung ansetzt, ein Stückchen weit weg und rennen Sie ihm gleichzeitig nach. Schon allein wegen Ihrer Richtungsänderung wird der Hund stutzen, sich gleichfalls umwenden und Sie können ihn streicheln oder tätscheln oder – falls er sein Spielzeug apportiert – ihn für das Ballholen belohnen.

Wenn das »Sitz« schon perfekt klappt, haben Sie auch die Möglichkeit, ihn vor dem Sprung schnell sitzen zu lassen; loben Sie ihn dann überschwenglich, und gehen Sie mit ihm ein paar Schritte, damit er sich abreagieren kann.

Wichtiger Hinweis:
Für welches Verhalten Sie sich entscheiden, bleibt Ihnen überlassen; aber wählen Sie künftig immer dieselbe Variante, sonst kann der Hund sie nicht mit Ihrer Heimkehr verknüpfen.
Erst wenn die neue Ritualhandlung beim Hund zur Selbstverständlichkeit geworden ist, dürfen Sie, falls er mal aus der Rolle fällt, seinen Ausrutscher mit einem »Pfui« (für »Das tut man niemals«) bestrafen.

»Pfui«

Dieses »Pfui« sollten Sie immer dann einsetzen, wenn Ihr Vierbeiner sich anschickt, etwas grundsätzlich Verbotenes zu tun, mit anderen Hunden zu raufen, Menschen anzuknurren, zu wildern etc.

Wichtiger Hinweis:
Benutzen Sie das Pfui (genau wie das Nein für »Nicht hier« und »Nicht

Weil unkontrolliertes Ins-Auto- oder Aus-dem-Auto-Springen gefährlich sein kann, lassen Sie Ihren Hund jeweils erst sitzen und Ihr entsprechendes Kommando abwarten

jetzt«) anfangs nur dann, wenn Sie die Möglichkeit haben, den Hund aufzuhalten, denn wenn er seine Untat trotzdem begehen kann, ist das Verbot völlig sinnlos.

Beispiel 1:
Ihr Hund versucht, einem Kind ein Brötchen wegzunehmen. Sie stehen in der Nähe, sehen das, rufen »Pfui« und fahren dem Missetäter gleichzeitig mit der Hand über die Schnauze.

Beispiel 2:
Ihr Hund will den Mülleimer durchstöbern oder etwas von der Straße aufnehmen. In diesem Fall verfahren Sie ähnlich wie bei Beispiel 1, um ihn von seinem Vorhaben abzuhalten, denn er soll ja niemals etwas stehlen.

»Nein«
Es ist unglaublich, zu welcher Raffinesse Hunde fähig sein können, um sich durchzusetzen.

Beispiel:
Ihr Hund hat gelernt, daß er immer eine Belohnung bekommt, wenn er sich auf zwei Beine stellt und sich einmal um sich selbst dreht (tanzt). Sie haben nun Gäste, befinden sich

also in einer Ausnahmesituation. Der Hund weiß, daß er niemals einen Happen am Tisch erhält, wenn Sie mit Familie dort essen. Die augenblickliche Situation (mit den Gästen) ist für ihn aber genauso neu und ungewöhnlich. Daran gewohnt, im Mittelpunkt zu stehen, wenn er tanzt, lenkt er jetzt die Aufmerksamkeit aller auf sich, indem er vor dem Eßtisch sein Kunststück vorführt. Niemand wird es übers Herz bringen, ihn dafür auch noch zu tadeln, also erreicht er, was er wollte: Aller Augen sind auf ihn gerichtet. Und er bekommt obendrein vielleicht sogar noch eine Leckerei.

Bei einem solchen Erfolg ist es kein Wunder, wenn er sich ab dann jedesmal, wenn Gäste im Haus sind, produziert und dabei immer unmäßiger in seinen Forderungen wird, es also nicht mehr bei einem kleinen Happen bewenden läßt, sondern sich den Besuchern die ganze Zeit aufdrängt.

In so einem Fall greift die vierte der obengenannten Maßnahmen. »Jetzt nicht« bedeuten Sie dem Hund durch kurzes Ansprechen, verbunden mit einem scharfen, konsequenten »Nein«. Das entläßt Sie (in Hundeaugen) aus Ihrer Pflicht, ihn zu belohnen.

Ihr scharfes »Nein« setzen Sie z.B. auch ein, wenn der Hund sich dort einen Schlafplatz sucht, wo Sie es nicht wünschen (und schubsen ihn gleichzeitig weg), oder wenn er, kaum haben Sie die Wagentür geöffnet, ins oder aus dem Auto springen will (gleichzeitig halten Sie ihn davon ab. Ein paar Sekunden später fordern Sie ihn auf, hinein- bzw. herauszuspringen und loben ihn dafür).

Wer dem Betteln bei Tisch auch nur einmal nachgibt, hat schon verspielt und seinen Hund zum Dauergast beim Essen erzogen

Unangenehme Erfahrungen vermitteln

Die letzte und schärfste Erziehungsmethode, die Sie zur Verfügung haben, sind Maßnahmen, die für den Hund mit einer unangenehmen Erfahrung verbunden sind. Dazu gehören

- ruckartiges Ziehen an der Leine
- kräftiges Genickschütteln
- direktes Anstarren
- Auf-den-Rücken-Zwingen
- »Überbeißen«, wobei Sie mit der Hand über die Schnauze des Hundes fahren und einen kurzen Druck erzeugen.

Tip:
Da Hunde ein viel besseres Gehör haben als wir, brauchen Sie Ihre Verbote nicht zu schreien. Besser und wirkungsvoller ist ein kurzes Wort, das mit möglichst tiefer Stimme und in scharfem Tonfall ausgesprochen wird.

Auch das Genickschütteln verstehen Hunde – die Hündin packt ungezogene Welpen im Nacken und rüttelt sie kurz durch

Das alles ist dem Hund als arteigene Form der Zurechtweisung vertraut. Schläge (auch mit der Zeitung), das Einsperren in Zwinger, Hütte oder Keller und andere menschliche Strafen dagegen versteht er nicht und kann deshalb auch nicht anders darauf reagieren als mit Angst.

Beispiel 1:

Der Hund legt sich kräftig in die Leine und zerrt. Sie werfen ihn durch ein ruckartiges Ziehen fast um, gleichzeitig erschallt Ihr »Pfui« (denn zerren soll er nie!). Darauf trottet er einige Zeit weiter neben Ihnen her, dann sieht er einen anderen Hund und zerrt wieder. Sofort reagieren Sie wie schon vorher. Nach einigen dieser unangenehmen Erfahrungen hat der Hund gelernt, daß er sich Ihrem Tempo anpassen muß – solange er an der Leine ist.

Beispiel 2:

Ihr Hund hat einen Knochen ergattert, und Sie bestimmen »Aus«. Er reagiert mit Knurren. Sie versuchen, ihm den Knochen aus dem Maul zu ziehen, er knurrt und fletscht die Zähne. Das ahnden Sie mit einem kräftigen Schütteln im Nackenfell. Durch den Schreck läßt er den Knochen fallen, Sie lassen den Nacken sofort los, loben **nicht** und nehmen den Knochen an sich.

Sollte der Hund anders reagieren, indem er versucht, sich von der schüttelnden Hand zu befreien, greifen Sie energischer zu und schütteln kräftiger. Geben Sie niemals nach, sondern bleiben Sie bei Ihren Maßnahmen, bis der Hund nachgibt.

Wichtiger Hinweis:

Strafen müssen unbedingt nachhaltig wirken, und der Hund muß merken, daß er ihnen nicht entkommen kann.

Wenn Sie Lob und Tadel gezielt und immer im richtigen Moment einsetzen, kombiniert der Hund von selbst Ihre Worte und seine Taten miteinander. Zugute kommt Ihnen dabei das Langzeitgedächtnis, das schon einmalige Erlebnisse mit endgültigen Reaktionen verknüpfen kann.

Das Wichtigste in Kürze

► Die meisten unerwünschten Handlungen eines Hundes können Sie unterbinden, indem Sie sie für das Tier mit einer unangenehmen Erfahrung verbinden. Solche negativen Erlebnisse können ein Mißerfolg, ein Schreck oder eine ihm verständliche Sanktion (hundeartig) sein.

► Einige unerwünschte Handlungen sind instinktbedingt, weshalb der Hund ein Unterbinden nicht verstehen könnte. Solche Verhaltensweisen ersetzen Sie durch andere, erwünschte.

► Unterstreichen Sie alle Verbote verbal durch ein »Pfui« bei Taten, die immer verboten sind und durch ein »Nein« bei solchen, die jetzt oder hier oder so unerwünscht sind.

Das Pfötchengeben ist eine Instinkthandlung aus dem Welpenrepertoire. Sie sollte nur umfunktioniert, aber nicht unterbunden werden

► Unterstützen Sie das Ändern von Verhaltensweisen durch Belohnung und Lob.

► Alle Verbote müssen immer und von allen Familienmitgliedern (und Besuchern) durchgesetzt werden. Jede Ausnahme bedeutet einen schweren Rückschlag.

► Tadeln oder strafen Sie den Hund niemals wegen einer Unterlassung, denn es ist ihm nie bewußt, daß er etwas **nicht** getan hat. Tadel und Strafe dürfen nur dann eingesetzt werden, wenn der Hund etwas Falsches oder Unerwünschtes tut.

Das Langzeit- und das Kurzzeitgedächtnis des Hundes

Ein Erlebnis, das mit Schock, Schmerzen oder Schreck verbunden war, vergißt der Hund nie. Von da ab wird er alles, was mit seinem Trauma in Verbindung stand, fürchten

Das Hundegedächtnis speichert, wie anfangs erklärt, nicht alle empfangenen Eindrücke, sondern wertet sie und ordnet die für wichtig befundenen Informationen nach negativer, neutraler und positiver Wirkung.

Beispiel:
Nehmen wir ein Auto, das mit quietschenden Reifen bremst: ein Geräusch, das jeden Hund zunächst aufhorchen läßt, ihn vielleicht sogar erschreckt. Die quietschenden Reifen können zum zentralen Erlebnis für ihn werden, wenn er gleichzeitig von der Straße weggerissen wird oder sie mit einem lauten Schrei seines Menschen verbunden werden. Er wird das Geräusch dann als negativ empfinden. Steigt aus dem haltenden Wagen dagegen sein Mensch aus, um ihn zu begrüßen, verbindet er das gleiche Geräusch von da ab mit etwas Positivem.
Wenn das Quietschen häufiger erfolgt (z.B. an einer Ampel) und nie

etwas passiert, gewöhnt sich der Hund daran und »überhört« bald scharfes Bremsen.

Dieses Beispiel zeigt deutlich:

- Ein Geschehen mit neutraler Wirkung, also ohne Folgen, hat den schwächsten Wirkungsgrad
- Positive Resultate prägen sich tiefer ein
- Negative Erlebnisse zeigen die nachhaltigste Wirkung

Für Ihre Erziehungsarbeit bedeutet das: Ihr Hund wird weder auf Lob noch auf Streicheln reagieren, wenn er gleichzeitig einen Schmerz erfährt. Andererseits wird sich Freude, die Sie ausdrücken, tief bei ihm einprägen, wenn sonst gerade nichts passiert.

- Anders als der Mensch speichert der Hund nur wirklich zentrale Erlebnisse (z.B. einen Autounfall) in seinem **Langzeitgedächtnis.** Alle anderen Erfahrungen werden relativ schnell vergessen und bleiben lediglich dann auf Dauer haften, wenn sie immer wieder auftauchen. Ein einziger Bienenstich in die Pfote z.B. ist im Jahr darauf vollkommen vergessen, der Hund wird wieder nach jedem summenden Insekt haschen. Nur wenn er die unangenehme Erfahrung innerhalb kürzerer Zeit häufiger macht, lernt er daraus.

Tip:

Der Klang des Dosenöffners, der Kühlschranktüre oder anderer Objekte, die ein Hund unmittelbar mit Futter verbindet, wird schnell im Langzeitgedächtnis gespeichert. Das können Sie ausnutzen: Zu keinem anderen Zeitpunkt als dem, da er einen solchen Klang vernimmt, ist die Bereitschaft Ihres Hundes, auf Ruf zu kommen, größer, und er wird äußerst konzentriert versuchen, jede ihm gestellte Aufgabe zu erfüllen – in Erwartung der schmackhaften Belohnung.

Wichtiger Hinweis:

Wirklich erziehen können Sie Ihren Hund also nur durch unermüdliches Wiederholen auch bereits gelernter Übungen.

Außerdem: Da generell die Gefahr besteht, daß der Hund Ihr Lob oder Ihren Tadel mit einer falschen Tatsache verknüpft, ist es wichtig, daß Sie jedes Wort mit einem bestimmten Minenspiel, einer bestimmten

Handbewegung oder Körperstellung verbinden.

Beispiel:

Ihr Hund soll wie angewurzelt stehenbleiben. Sie rufen »Halt« oder »Steh«, strecken gleichzeitig Ihre Hand nach vorn (optisches Unterstreichen des Befehls) und bleiben ebenfalls stehen (Wirkung verstärken). Ihr Hund registriert alle drei Signale. Wiederholen Sie sie oft

Ein Hund lernt nicht nur Wortbefehle, sondern auch die Bedeutung bestimmter Gesten zu verstehen

genug, bleiben sie im Langzeitgedächtnis haften, so daß Sie später den Hund nur mit der Handbewegung, nur mit Ihrem Stehenbleiben oder allein mit dem »Halt« zum Stillstehen bringen können.

Wichtiger Hinweis:

Vergessen Sie nie, daß jede unangenehme Erfahrung alle vorherigen positiven auslöschen kann.

Beispiel:

Ihr Hund fährt mit Begeisterung im Auto mit – bis Sie eines Tages in einen Unfall verwickelt sind, bei dem er einen Schock erleidet. Von nun an weigert er sich, in ein Auto einzusteigen, und weder locken noch bitten oder trösten hilft. Der Grund: Einzig das Trauma hat sich eingeprägt. Hier hilft nur Zwang, das heißt, Sie heben oder bugsieren den Hund ins Auto und verknüpfen die – kurze – Fahrt so lange immer wieder mit einem tollen Erlebnis (Spiel, ausgiebiger Spaziergang), bis die schlechte Erfahrung verblaßt und der guten Platz macht.

Während Sie in diesem Fall das negative Erlebnis nachvollziehen können, ist das bei vielen anderen Situationen nicht möglich. Deshalb müssen Sie bei einer plötzlichen Verhaltensänderung Ihres Hundes immer auch daran denken, daß ein negatives Erlebnis schuld sein könnte, und versuchen, durch viele kleine positive Erfahrungen ein Gegengewicht zu schaffen.

Tip:

Wenn Sie vermuten, daß schlechte Erfahrungen an der Weigerung Ihres Hundes, einem bestimmten Kommando zu folgen, schuld sind, verändern Sie jedesmal, wenn Sie dieses Kommando aussprechen, einen Teil der Situation: die Umgebung, die Zeit, ein Element des Tagesablaufs kurz danach, die Personen. Dann erscheint ihm das Kommando wahrscheinlich als neu und nicht mit (negativen) Erfahrungen besetzt.

Das **Kurzzeitgedächtnis** behält optische, akustische oder geruchsmäßige Eindrücke je nach ihrer Stärke von wenigen Sekunden bis zu ungefähr einer Stunde. Wenn Sie also am Morgen zum ersten Mal mit Ihrem Hund »Sitz« geübt haben, sind die damit verbundenen Reize zu Mittag nur noch vage vorhanden. Erst nach vielen Wiederholungen prägen sie sich tiefer ein, und schließlich speichert dann das Langzeitgedächtnis das Signal sowie die automatische Reaktion des Hundes sein ganzes Leben lang.

Das Wichtigste in Kürze

- Kein Hund behält alle empfangenen Eindrücke auf Dauer im Gedächtnis, sondern nur die für ihn wirklich wesentlichen.
- Das Kurzzeitgedächtnis speichert Empfindungen, die für den Hund keine unmittelbaren.Folgen haben, nur wenige Sekunden.
- Sinnesreize, die schwache angenehme oder unangenehme Konsequenzen nach sich ziehen, werden zunächst ebenfalls im Kurzzeitgedächtnis gesammelt, verschwinden aber wieder, wenn sie durch neue Eindrücke überlagert werden. Nur durch ständige Wiederholungen gelangen sie ins Langzeitgedächtnis.
- Im Langzeitgedächtnis behält der Hund auch die Erinnerung an Ereignisse, die mit einem Schock, starken Schmerzen oder der Befriedigung eines Urtriebes verbunden waren.
- Im ersten Jahr speichert der Hund die meisten Erfahrungen im Langzeitgedächtnis, später »lernt« er schwerer.

Kapitel 3

Hund ist nicht gleich Hund

Das unterschiedliche Lernverhalten

Bei den Hunden ist es mit dem Lernen ähnlich wie bei Kindern: Manche lernen leicht, andere tun sich schwerer. Es gibt Hundepersönlichkeiten, die gegen menschliche Einflußnahme erbitterten Widerstand leisten, und solche, bei denen schon ein Stirnrunzeln genügt, um sie zur tiefsten Unterwürfigkeit zu veranlassen. Je nach den Erbanlagen lernen einige ohne jede Mühe zu apportieren oder zu wachen, andere kämen z.B. nie auf die Idee zu buddeln, zu bellen oder zu jagen. Wieder andere sind nur durch schiere Gewalt davon abzuhalten, sich mit der Nase an jede Fährte zu heften oder jedem auffliegenden Blatt hinterherzuhetzen.

Entscheidend für das unterschiedliche Lernverhalten sind folgende Kriterien:

- die Rasse bzw. beim Mischling die vererbten Anlagen
- das Geschlecht
- das Alter
- die gemachten Erfahrungen
- die Kindheit und die Sozialisationsphase
- und nicht zuletzt: der Mensch, bei dem der Hund aufgewachsen ist oder jetzt lebt

Gruppeneinteilung nach Rassen

Ganz grob lassen sich alle Hunde in acht Gruppen einteilen, die – aufgrund ihrer Geschichte – verschiedene Charakteristika aufweisen, die für die Erziehung eine wesentliche Rolle spielen. Das bedeutet, daß der Zweck, für den die jeweiligen Hunde einst gezüchtet wurden, sich in ihren Vorlieben bzw. Abneigungen hinsichtlich bestimmter Verhaltensweisen niederschlägt.

Schäfer- und Hütehunde

Sie sind äußerst lernfähig und bewältigen auch ein großes Aufgabenpensum. Allerdings eignen sie sich, wenn der Mensch sie nicht genügend fordert, genauso bereit-

willig die gesamte Palette an Untugenden an: Sie »hüten« Nachbars Katze, jagen den Briefträger oder schütteln ein Kopfkissen tot. Sie haben eine niedrige Reizschwelle und erziehen sich deshalb schnell selbst zu Raufern oder Beißern.

Vertreter: Border Collie, Deutscher Schäferhund und jede Menge Mischlinge, zu deren Vorfahren Schäferhunde zählen

Molosser, Schnauzer, Pinscher, Treib- und Hirtenhunde

Alle hier genannten Rassen lassen es gemächlicher angehen. Ihre hohe Reizschwelle läßt sie einerseits weniger Aggressionen gegen Mensch und Tier zeigen, andererseits aber können sie sich dickköpfig gegen Erziehungsversuche jeder Art wehren. Was allerdings erst einmal im Gedächtnis haftengeblieben ist, das vergessen sie nie wieder.

Ihre Geschichte als Hütehunde, die flexibel auf die verschiedensten Kommandos zu reagieren hatten, hat die Schäferhunde zu den lernwilligsten, aber auch arbeitswütigsten Rassen gemacht

Ihre ursprüngliche Aufgabe war es, Rinder zum Markt zu treiben. Dazu brauchten die Sennenhunde Mut, eine hohe Reizschwelle und einen gehörigen Dickschädel – all das zeichnet sie auch heute noch aus

Aufgrund ihrer Sturheit und ihrer körperlichen Kraft sind sie nur hundeerfahrenen oder aber äußerst konsequenten Menschen zu empfehlen.

Vertreter: zu den bekanntesten zählen Dogge, Bernhardiner, Berner Sennenhund und Boxer

Terrier

Anleitungsbedürftig, aber dann leicht erziehbar ist die riesige Gruppe der Terrier. Ihr großer Vorteil besteht in ihrer Aggressionslosigkeit Menschen gegenüber. Andererseits sind aber gerade hier die meisten Raufer zu finden. Schuld sind das überschäumende Temperament und fehlende Führung.

Vertreter: die prominentesten sind Westie, Yorkshire, Airedale und Bullterrier

Spitzartige

Ruhig und ausgeglichen, aber nicht allzu einfach zu leiten sind die Spitze. Sie ordnen sich nicht leicht unter, akzeptieren oft nur **einen** Menschen und begehren gegen Inkonsequenz auf. Der angeborene Wachtrieb muß manchmal eingedämmt werden.

Sehr wachsam, mißtrauisch gegen Fremde und störrisch bei falscher Erziehung sind viele spitzartige Rassen wie der Akita Inu

Vertreter: Chow Chow, Deutscher Spitz, Eurasier und Akita Inu

Jagdhunde

Sie sind extrem leichtführig, geraten aber, ähnlich den Schäferhunden, wegen ihrer Arbeitswut oft außer Kontrolle. Bei ihnen kann vor

Alle Terrier – links drei Airedales – zeichnen sich durch trickreiches Entdecken von Lücken in der Erziehung aus, die sie erbarmungslos nutzen

allem der Jagdtrieb Probleme bereiten. Sie gehören zu den Frühentwicklern, die schon als Welpen gefordert sein wollen, die Menschen gegenüber äußerst freundlich sind (sie eignen sich z.B. nicht als Wachhunde) und meistens auch keine Aggressionen gegen andere Hunde zeigen.

Allerdings ist Jagdhund nicht gleich Jagdhund: Einige Rassen suchen am liebsten Fährten, arbeiten also mit der Nase, andere stürzen sich bei Geräuschen in Richtung Geräuschquelle – sie arbeiten mit den Ohren –, und die dritte Gruppe verfolgt flüchtiges Wild – sie arbeitet sowohl mit Nase und Ohren als auch mit den Augen.

Nasenarbeitern sollten Sie viele Suchaufgaben stellen (etwas in die Hand nehmen, damit es nach Ihnen riecht, und dann verstecken). Ohrenarbeitern bieten Sie Stöberspaß, in dem Sie einen Ball in einen Heu- oder Strohhaufen bzw. in dichtes Gebüsch werfen. Die Jäger unterhalten Sie durch Frisbeescheibenwerfen oder Ballspiele.

Vertreter: Spaniels, Setter, Bracken und Teckel

Renn-, Hetz- und Windhunde

Diese eigenwilligen und schwer erziehbaren Hunde macht einerseits ihre Übersensibilität extrem empfänglich für menschliche Einwirkung, andererseits läßt sich ihr

Der Jagdtrieb ist bei allen für die Jagd gezüchteten Rassen noch erhalten. Wer Irische Setter hält, muß mit ihrer Jagdlust leben

Job der Windhunde war es, fliehende Tiere zu hetzen. Dazu mußten sie extrem nervig sein; bis heute sind sie nur mit viel Fingerspitzengefühl zu erziehen. Im Bild zwei Salukis

angeborener, ausgeprägter Hetztrieb jedoch kaum unter Kontrolle bekommen. Positiv ist, daß sie weder Artgenossen noch Menschen gegenüber Agressionen zeigen. Sie lassen sich aber nur mit viel Fingerspitzengefühl (und möglichst ab Welpenalter) erziehen.

Vertreter: Afghane, Irish Wolfshound und Greyhound

Eigenwillig und selbständig: die Schoßhunde (hier eine Shih Tzu-Hündin)

Schoßhunde

Anpassungsfähig und leicht zu führen, sind sie dennoch berühmt für ihren Dickkopf. Als Weltmeister im Sichtaubstellen können sie auch erfahrene Hundepädagogen zur Verzweiflung treiben.

Vertreter: Mops, Malteser und Shih Tzu

Nicht zuordenbare Rassen

In die achte Gruppe fallen alle die, die innerhalb der vorherigen Gruppen »aus der Reihe tanzen«. An vorderster Front der **Labrador** und der **Golden Retriever,** eigentlich Jagdhunde, deren Funktion heute jedoch eine andere ist. Geblieben sind beiden Rassen der Lernwille, die Anpassungsfähigkeit und die fehlende Aggressivität gegenüber Menschen. Eingedämmt ist der Jagdtrieb, und die Reizschwelle ist höher geworden. Schon viele Retrievergenerationen lebten ausschließlich als Familienhunde, und die Züchter wählten bei Paarungen gezielt solche Hunde aus, die kaum aus der Ruhe zu bringen waren und nur wenig Anstalten machten, flüchtendem Wild zu folgen.

Beide Rassen lassen sich im Regelfall »mit links« erziehen, was aber nicht heißt, daß man auf Erziehung verzichten kann.

Auch der **Pudel** kann als solcher Ausnahmehund gelten. Ursprünglich ein Wasserjagdhelfer, wurde er bereits zu Beginn der Neuzeit auch als Dressurtier verwendet und gezüchtet. Strengste Auslese (nur die willigsten, klügsten und geschicktesten Tiere durften sich vermehren) schuf einen Hund, der sich beinahe von allein erzieht, dessen Jagdinstinkt auf ein Minimum

Der Golden Retriever gehört zu den Rassen, die sich quasi selbst erziehen. Er will nichts weiter, als den Menschen, zu denen er gehört, gefallen

Der Dalmatiner ist ein anpassungsfähiger Hund, der auch ein gutes Gespür für die Stimmungen seiner Menschen hat

reduziert und der extrem menschenfreundlich ist.
Ein anderes Beispiel für diese letzte Kategorie ist der **Dalmatiner,** einst als Reit- sowie als Kutschenbegleiter gezüchtet. Die von ihm damals geforderten Eigenschaften – Zähigkeit, Intelligenz, Lauffreudigkeit, Gewandtheit, Freundlichkeit Menschen und Tieren gegenüber, Schärfe in bezug auf Ratten, ohne aber sonst zu wildern – sind dem Dalmatiner von heute noch eigen.

Vielleicht gehören Sie jetzt zu den Menschen, die genau die gegenteilige Erfahrung bei ihrem Hund gemacht haben, als hier zu lesen ist. Das bedeutet aber nicht, daß dieses Tier eine Ausnahme darstellt, sondern daß die ererbte Veranlagung zugunsten (oder zuungunsten) anderer Mechanismen, die auf die Hundepersönlichkeit einwirkten, zurückgedrängt wurde. So kann ein Aufwachsen in einem dunklen Stall ohne täglichen Kontakt mit freundlichen Menschen aus einem Setter, der ja zu den »Jedermann liebenden« Hunden gehört, ein handscheues Tier werden lassen. Oder ein Hund, der in den ersten Jahren seines Lebens mehrfach den Besitzer wechseln

muß, wird – gleichgültig, wie seine Erbanlagen sind – mißtrauisch, verunsichert und oft unfähig, allein zu bleiben.

Auch das Geschlecht spielt eine Rolle

Neben den Rasseanlagen übt auch das Geschlecht einen bedeutenden Einfluß auf die Erziehungsfähigkeit aus. Rüden brauchen deutlichere Worte, um sich zu fügen. Sie fordern ihren Menschen auch häufiger und länger heraus. Weibchen hingegen ordnen sich williger ins Familienleben ein, und sie lernen bereitwilliger und gründlicher. Allerdings nicht alles – denn wenn sie auch eifriger bei den auf den Menschen hin orientierten Aufforderungen (Komm, Fuß, Platz, Paß auf) sind, so lernen die männlichen Hundevertreter schneller, besser und gründlicher alle »Vorwärts«-

Bobtailhündin mit zwei Welpen

Übungen (Such, Lauf, Gib Laut etc.). Wie schon bei der Charakterisierung der Rassen darf man aber auch in diesen Unterschieden lediglich Tendenzen sehen, die sich nicht verallgemeinern lassen.

Unterschied zwischen dem Welpen und dem erwachsenen Hund

Je früher die Erziehung beginnt, desto weniger Kraft, Aufwand, Zeit und harte Worte sind nötig. Ein **Welpe** hat noch keine Erfahrungen, er macht sie erst. Deshalb ist er extrem einfach zu prägen, lassen sich seine Triebe und Instinkte in die gewünschte Richtung lenken. Allerdings sind Fehler, die bei der Welpenerziehung begangen werden, gravierender und schlechter wieder auszumerzen als solche, die beim erwachsenen Hund passieren.

Wichtiger Hinweis:
Unbedingte Konsequenz ist beim Junghund bis etwa zum zweiten Lebensjahr erforderlich. In dieser Phase sucht das noch nicht erwachsene Tier seinen endgültigen Platz in der Familienhierarchie und erwartet feste Spielregeln – sonst stellt es sie selbst auf.

Feinfühligkeit und immense Geduld sind beim **erwachsenen Hund** gefordert. Gleichgültig ob er durch Erziehungsfehler »verdorben« wurde, ob er den Besitzer gewechselt oder ob er sein Leben bis jetzt halbwild verbracht hat – er hat seine Erfahrungen und kann gar nicht anders reagieren als er es tut. Ihn neu zu formen erfordert drastische Maßnahmen zur richtigen Zeit.

Sehr wesentlich: die Hundepersönlichkeit

Neben all den genannten Kriterien dürfen Sie eines niemals vergessen: Jeder einzelne Hund ist auch eine Persönlichkeit, ein Individuum, das, seiner Rasse, seinem Geschlecht, seinem Alter zum Trotz, ganz anders reagieren kann als im Lehrbuch beschrieben, das von Ihnen deshalb ein Umdenken verlangt, ein ganz individuelles Eingehen auf diesen speziellen Charakter.

Auch die Hundepersönlichkeiten lassen sich nur grob einteilen:

Die Ängstlichen

Verkriecht sich Ihr Hund, wenn Besuch kommt? Will er zurück, wenn Sie mit ihm in ein Lokal gehen möchten? Trachtet er zu flüchten, wenn Sie einem anderen Hund begegnen? Gerät er in Panik, wenn er in die Badewanne muß? Die eingezogene Rute, das Sich-kleinmachen durch In-die-Knie-Gehen, das Sichverstecken, Winseln, Zittern, Verweigern des Laufens oder die Fluchtbereitschaft sind Signale für Angst. Als Ursachen kommen schlechte Erfahrungen, fehlende Erlebnisse während der Sozialisationsphase, zu harte oder zu frühe Erziehungsmaßnahmen in Frage. Wer z.B. von einem fünf Monate alten Junghund verlangt, daß dieser bereits perfekt »Bei Fuß« geht, sitzt und abliegt, und ihn für Fehlleistungen bestraft, der erzieht seinen Hund zum Angsthasen.

Auch der Schwächste im Wurf, der seinen Geschwistern immer nur unterlegen war, kann zum »Feigling« werden.

Einen solchen ängstlichen Hund werden Sie niemals durch Strafen, scharfe Worte oder gar durch Mutproben kurieren. Er braucht Erfolgserlebnisse, die sein Selbstbewußtsein stärken, viel Lob, viel Ansporn und eine Erziehung in kleinsten Schritten.

Einen ängstlichen Hund versetzt man nur in Panik, wenn man ihn zu hart anfaßt. Zuerst gilt es, das Vertrauen aufzubauen. Im Bild ein irischer Wolfshund

Solange ein Hund seinen Platz innerhalb der Familie nicht genau kennt, spielt er sich mal zum Boß auf, mal benimmt er sich wie ein Underdog

Die Unsicheren

Unsicherheit zeigt sich beim Hund durch ständig wechselnde Reaktionen: Mal verbellt er Fremde, mal begrüßt er sie überschwenglich. Mal sträubt er sich gegen die Leine, dann wiederum läuft er gottergeben mit. Beim Spielen fällt er durch Teilnahmslosigkeit auf, die plötzlich in Beißen oder in Flucht umschlägt.

Ein unsicherer Hund kann gefährlich werden und muß deshalb kontinuierlich umerzogen werden. Das erreichen Sie durch Einführen eines festen Tagesrhythmus, den Sie konsequent durchhalten. Sie schaffen dadurch einen fixen Rahmen, an den der unsichere Hund sich halten kann. Auch hier helfen weder Gebote noch Verbote, bevor das Tier nicht seine genauen Vorgaben erhalten hat.

Die Sensibelchen und die Nervösen

Ein Hund, der bei jeder Art Lärm zusammenzuckt, eher zögernd auf Menschen und andere Tiere zugeht und bei übergroßer Freude oder Angst die Kontrolle über die Blase verliert, muß mit Samthandschuhen angefaßt werden. Er will leise angesprochen, behutsam zurechtgewiesen, aber genauso ruhig und freundlich gelobt werden. Stürmische Liebe erschreckt ihn genauso wie hart angepackt zu werden.

Die Passiven und die Dickschädel

Beide sind sowohl bei großen als auch bei kleinen Rassen zu finden. Erkennbar sind diese Nervenstarken an ihrer unerschütterlichen Ruhe, daran, daß sie erst nach der dritten Aufforderung gelassen folgen, daß

sie wütende Worte ohne Wimpernzucken einstecken. Sie brauchen energische Ansprache, heftigen Tadel und genauso intensives Lob, damit sie ihr Augenmerk überhaupt auf den Menschen lenken.

Ein Dickschädel wie der Airedale Terrier nimmt es Ihnen nicht übel, wenn Sie Ihre Wünsche energisch vorbringen

Ruhe ist das erste Gebot, wenn man einen übersensiblen Hund wie dieses Windspiel (Bild links) besitzt

Vor allem die Arbeitshunde – im Bild ein Border-Collie – lassen sich von äußeren Reizen so stark ablenken, daß sie sich nur schwer auf die Wünsche ihrer Menschen konzentrieren können

Tip:

Bei Hunden, die sich dauernd taub stellen, hat sich ein »Gong« zu Beginn der Lektionen bewährt. Schlagen Sie zwei Topfdeckel zusammen, das läßt jeden Hund wenigstens kurz aufhorchen. Nutzen Sie nun genau diesen Augenblick, um ihn anzusprechen und herbeizurufen. Belohnen Sie seinen »Gehorsam« gebührend, z.B. mit einem Leckerbissen. Nach ein paar Gongschlägen hat der Vierbeiner die Belohnung mit dem »Komm« (oder anderen Kommandos) verknüpft, und Sie können auf den Lärm verzichten.

Die Aktiven und die Unkonzentrierten

Bewegungsfreudig, quirlig, nimmermüde und scheinbar ewig gut gelaunt sind diese Arbeitstiere. Sie wären am leichtesten zu erziehen, wenn sie sich nicht von allem und jedem, was um sie herum geschieht, ablenken ließen.

Beginnen Sie den Unterricht in einer reizarmen Umgebung. Und flüstern Sie lieber, statt zu schreien. Das erhöht den Aufmerksamkeitswert Ihrer Worte.

Lob, Tadel, Aufforderungen und Verbote dürfen Sie nur sparsam einsetzen, Sie müssen aber energisch sein und dem Hund klarmachen, daß Sie auf keinen Fall nachgeben.

Hyperaktive Hunde verzeihen Erziehungsfehler noch weniger als andere Typen, weil der nachgiebige, inkonsequente Mensch für sie an »Wert« verliert – sie wenden sich dann lieber anderen Aufgaben zu.

Die Alphahunde

Der Begriff kommt aus der Verhaltensforschung. Alphatiere sind die Leittiere einer Herde, eines Rudels oder einer Sippe, die innerhalb ihrer Gruppe Privilegien genießen, wie z.B. das des alleinigen Rechts auf Paarung, und denen sich alle anderen Mitglieder unterordnen. Sie werden nicht als Alphatiere geboren, sondern sie erringen diese

Sonderstellung durch besondere Kraft oder Intelligenz oder durch bestimmte Attribute wie z.B. Größe, Gewicht, besonders kräftiger Haarwuchs etc. Solche Alphatiere lassen Rivalen gar nicht erst entstehen, sondern unterdrücken schon bei den Jungtieren alle potentiellen Konkurrenten. Erst wenn sie (durch Krankheit, hohes Alter oder einen Unfall) Schwäche zeigen, löst sich die bestehende Hierarchie in der Gruppe auf – ein erbittertes Ringen um den Alphaplatz beginnt. Es gibt Tiergruppen, die nur ein männliches Alpha- oder Leittier haben, andere, die nur ein weibliches haben, und solche, bei denen beide Geschlechter durch je eine Nummer eins vertreten sind.

Im Wolfsrudel gibt es immer einen Alphawolf, den Leitwolf, und fast immer auch eine Alphawölfin, die Leitwölfin. Deshalb kann sich der Alphacharakter auch beim Hund bei beiden Geschlechtern zeigen.

Gewohnt, ihren Willen durchzusetzen, mit unglaublicher Geduld, Willensstärke und Cleverness ausgestattet, sind sie die problematischsten unter allen Hundepersönlichkeiten Meistens waren sie bereits

Alphahunde müssen erst lernen, daß sie nicht mehr die Nummer eins sind; dazu gehört viel Energie und Konsequenz beim erziehenden Menschen. Im Bild zwei Bullmastiffs

die Stärksten unter den Geschwistern und die Lieblinge ihrer Erstbesitzer (der Familie, bei der sie geboren wurden). Mit Charme oder durch Sichtaubstellen haben sie in den ersten Lebensmonaten ihren Willen durchgesetzt, und jetzt versuchen sie das weiterhin immer und überall mit allen Tricks, auch mit Knurren, körperlicher Kraft, Nervtöten oder sogar mit Beißen. Auf jeglichen Erziehungsversuch reagieren sie nur dann, wenn sie wollen.

Alphahunde müssen nicht unbedingt zu Beißern oder Raufern werden, doch die Gefahr ist groß. Deshalb brauchen sie eine unerbittliche Erziehung ohne Ausnahmen und einen strenggeregelten Alltag, der ausgefüllt ist mit »Arbeiten« aller Art. Ideal ist sportliche Betätigung, z.B. bei Agility, aber auch Fährtenarbeit, Spurensuche, Apportierübungen oder Hütearbeiten tun ihnen gut, weil sie einerseits ihre Intelligenz, und andererseits ihre Körperkraft und Ausdauer beanspruchen. Und diese brauchen einen Menschen, der sich von ihren Drohversuchen niemals beeindrucken läßt.

Beim Sport können sich Alphahunde so richtig ausarbeiten

Kein Hund ist wie der andere, und jeder kann, ungeachtet des Alters, der Rasse, des Geschlechts und gutgemeinter Erziehung Probleme bereiten – weil sich irgendwo in der Hundepsyche eine Fehlkopplung eingeschlichen hat, und die können Sie nur dann wieder lösen , wenn Sie selbst lernen, wie ein Hund zu denken.

Das Wichtigste in Kürze

► Wie schnell, wieviel und was ein Hund lernt, hängt nicht nur vom Erzieher ab, sondern auch von den vererbten Anlagen seiner Rasse, von seinem Geschlecht, vom Alter, in dem die Erziehung beginnt, und von den vorher gemachten Erfahrungen.

► Innerhalb aller Rassen und Mischungen findet man bei Hunden jeden Alters und Geschlechts auch unterschiedliche Persönlichkeitstypen, auf die man bei der Erziehung Rücksicht nehmen muß.

► Auch die beste Erziehung kann nicht greifen, wenn sich beim Hund aufgrund früher gemachter Erfahrungen falsche Verhaltensweisen festgesetzt haben, die man nicht erkennt.

Deshalb ist es wichtig, sich bei Fehlverhalten zunächst in den Hund hineinzuversetzen, um die Ursachen seiner Handlung zu ergründen und sie entsprechend zu »behandeln«.

Kapitel 4

Die häufigsten Probleme – Entstehung und Beseitigung

Ihre Anpassungsfähigkeit, ihre Lernbereitschaft und das angeborene Bedürfnis, innerhalb einer sozialen Struktur einen festen Platz einzunehmen, haben unsere Hunde zu idealen Partnern für uns Menschen werden lassen. Dieselben Eigenschaften sind aber andererseits dafür verantwortlich, daß es immer wieder zu Problemen kommt. Denn Hunde handeln nie bewußt falsch. Was sie tun, ist aus ihrer Sicht richtig. Wenn Sie also Schwierigkeiten, die im Zusammenleben mit ihnen auftauchen, bewältigen wollen, bleibt Ihnen nur ein Weg: Sie müssen erfühlen, was in Ihrem Hund vorgeht, und ihn nach Hundeart umerziehen – geduldig, konsequent und so lange, bis er sein (Fehl-)Verhalten ändert, weil es jetzt nicht mehr folgerichtig ist. Wie Sie das machen, erfahren Sie anhand der zehn häufigsten Probleme, die im Umgang mit Hunden entstehen.

Bissigkeit

Hier sind fast immer zuerst Mitglieder der eigenen Familie betroffen.
Das Phänomen des »bissigen« Hundes findet man bei beiden Geschlechtern und unter allen Rassen sowie unter allen Arten von Mischlingen. Auch besteht hier kein Unterschied zwischen kleinen und großen Hunden.
Die ersten Warnsignale – drohendes Knurren, Gehorsamsverweige-

rung, Zähnefletschen – treten im Alter von ein bis zwei Jahren auf. Spätestens wenn die »Beißer« fünf Jahre alt sind, können ihre Besitzer sie nicht mehr unter Kontrolle halten, und die Tiere landen, wenn sie Glück haben, bei einem guten Hundepsychologen. Rund die Hälfte wird allerdings von ihren ratlosen Besitzern weggegeben.

Warum wird ein Hund zum Beißer?

Natürlich gibt es dafür verschiedene Gründe:

Niemals als Ursache ausschließen lassen sich **gesundheitliche Störungen,** z.B. ein Tumor im Gehirn. Daher sollten Sie mit einem bissigen Hund zuerst zum Tierarzt gehen.

Auch **Erbanlagen** können eine Rolle spielen. So machte z.B. jahrzehntelang die berüchtigte »Cocker-Wut« Züchtern und Haltern zu schaffen. Hauptsächlich rote Cockerspaniels »flippten« buchstäblich aus. Sie schnappten ohne ersichtlichen Grund und ohne Vorwarnung plötzlich zu und waren auch absolut nicht durch menschliche Einflußnahme zu stoppen. Das Phänomen verbreitete sich mit einer bestimmten Blutlinie. Erst aufgrund dieser Entdeckung und durch die vereinten Bemühungen von Tierärzten und Zuchtverbänden gelang es, dieser vererbten Bissigkeit Herr zu werden.
Auch unter den Golden Retrievern scheint sich in ganz bestimmten Zuchtstämmen Aggressivität zu vererben – ein wichtiger Grund, sich **vor** dem Kauf eines Hundes dessen Verwandtschaft genau anzuschauen.

Ebenso kann **Todesangst** einen Hund bissig werden lassen. Angstbeißer sind gar nicht so selten, aber leicht erkennbar: Sie versuchen zuerst, sich der »Gefahr« zu entziehen, machen sich körperlich so klein wie möglich, indem sie die Ohren flach an den Kopf legen, den Schwanz unter den Bauch ziehen und den Rücken krümmen. Erst wenn diese Signale nicht wirken, schnappen sie zu – nur ein einziges Mal, um sich danach erneut durch Flucht zu entziehen.
Einen Angstbeißer erziehen Sie genauso um wie einen ängstlichen Hund (siehe Seite 90 ff.).

Unter ausgebildeten Schutzhunden finden sich einige, deren **anerzogene Bissigkeit** sie auch ohne entsprechendes Kommando zuschnappen läßt. Im Schutzdienst wird ihnen nämlich die angeborene Hemmung, einen Menschen zu beißen, genommen. Ähnlich reagieren Hunde, die nach der Ausbildung zum Schutzhund nicht weiter konsequent erzogen wurden. Die Schutzhundeprüfung ist deshalb in der Dauerdiskussion und wird wohl in den nächsten Jahren nur noch für Tiere möglich sein, die später einen »Beschützerberuf« ausüben sollen.

Schließlich kann ein Hund auch **aus Versehen** zubeißen, beim heftigen Spiel etwa oder wenn Sie versuchen, ihn aus einem Kampf mit einem Artgenossen herauszuholen. Dann ist er meistens mehr erschrocken als Sie und darf deshalb nicht zur Kategorie der bissigen Hunde gerechnet werden.

Fast neunzig Prozent aller gegenüber Menschen aggressiven Hunde allerdings beißen zu, weil die **Rangordnung** innerhalb der Familienhierarchie durcheinandergekommen ist. Von seinem Standpunkt aus gesehen, verteidigt der

Die Statistik beweist es: Hunde, die als Schutzhunde ausgebildet wurden, haben weniger Hemmungen, einen Menschen anzugreifen

Auf jede Drohung des Hundes einem Menschen gegenüber muß sofort eine Korrektur folgen, sonst setzt sich das Drohverhalten fest oder – noch schlimmer – löst Beißen aus

Hund seinen eroberten Rang zu Recht. Um als Mensch diese Sichtweise zu verstehen, muß man sich vor Augen halten, was in einem Hund vorgeht, der ein oder jedes Mitglied der eigenen Familie bedroht: Er hat gelernt, daß er durch Knurren, Schnappen oder echtes Beißen seinen Willen durchsetzen kann. Von seinen Menschen längst vergessene Episoden stellen den Ausgangspunkt für dieses Verhalten dar.

Beispiel 1:
Ihr Vierbeiner hat geknurrt, als Sie ihm einmal den ergatterten Happen streitig machen wollten. Weil er dabei so bezaubernd geschaut hat, haben Sie gelacht und ihm den Triumph gegönnt.

Beispiel 2:
Er hat sich gewehrt, als Sie ihm die Krallen schneiden wollten, und Sie haben das daraufhin vom Tierarzt machen lassen.

Beispiel 3:
Der Hund ist zu Ihnen aufs Sofa gesprungen, hat sich hingelegt und sich taub gestellt, als Sie versuchten, ihn von diesem Platz zu weisen. Jetzt fordert er sein gutes Recht – den eroberten Platz auf dem Sofa – und beißt zu, wenn Sie es ihm nicht zugestehen wollen.

Die Beispiele lassen sich beliebig fortführen. Mal ist es das Auto, das ein Hund erbittert gegen jeden Einsteigenden verteidigt, mal ist es ein Zimmer, zu dem er einer oder mehreren Personen den Zutritt verwehrt, dann wieder sind es bestimmte Situationen, in denen er etwas erzwingt oder verweigert, indem er knurrt und bei Nichtbeachtung dieser Warnung sogar zubeißt.

Die Ursache ist in allen Fällen die gleiche: Der Hund fühlt sich als Chef aller oder einiger Mitglieder seines Rudels. Als solcher hat er die Pflicht, sich und seinen Willen durchzusetzen – natürlich auf Hundeart. Er verweist folglich jeden, der sich nicht als »Untertan« verhält, durch Drohen in den jenem gebührenden niedrigeren Rang. Gehorcht der andere nicht, so schnappt oder beißt er. Mit jedem Erfolgserlebnis steigert sich sein Selbstbewußtsein, er weitet seine Herrschaftsansprüche systematisch aus, indem er mehr Rechte für sich fordert und den anderen Mitgliedern seiner Familie immer weniger Rechte zugesteht, und wird schließlich zum echten Familientyrannen, der konsequent über sein Rudel herrscht und deshalb auch jeden Eindringling durch Bisse abwehrt.

Wenn Sie Ihr Zusammenleben mit dem Hund aus dieser Perspektive betrachten, erkennen Sie schnell, aus welchen Situationen und Verhaltensweisen sich solche Herrschaftsansprüche entwickeln.

- Wer bestimmt eigentlich, wann Sie aufstehen, den Hund füttern, mit ihm spazierengehen, am Abend schlafen gehen?
- Wer entscheidet beim Laufen über Tempo, Dauer und Richtung?
- Läßt Ihr Hund sich ergeben oder zumindest ohne Protest bürsten, kämmen, pudern, sich die Ohren und die Krallen pflegen?
- Reagiert er auf Ihre Wünsche sofort, erst nach mehrmaliger Wiederholung oder nur ab und zu?

Wenn Sie jetzt merken, daß im Grunde stets Sie sich nach Ihrem Hund richten, dann sollte das für Sie ein Warnsignal sein. Solche Verhaltensweisen treten meistens in der Anfangsphase des Zusammenlebens auf – also beim halbwüchsigen Hund, wenn Sie sich einen Welpen ins Haus geholt haben oder nach der Eingewöhnungsphase, wenn Ihr Neuer schon älter ist.

Wichtiger Hinweis:
Je größer und damit körperlich kräftiger Ihr Hund ist, desto eher gilt es, einem werdenden Tyrannen klarzumachen, daß Sie (und alle anderen in der Familie) es sind, der den Ton angibt.

Keine Sorge: Sie erreichen das ohne Anwenden physischer Gewalt, und Sie fügen dem Hund dadurch auch keinerlei psychische Schäden zu. Er denkt ja nicht menschlich. Für ihn bedeutet es nicht im geringsten Frust, wenn er »nur« die Nummer zwei, drei, vier etc. ist. Im Gegenteil – er wird die ihm zugewiesene Position zufrieden annehmen und danach trachten, es Ihnen recht zu machen.

Wie gewöhnen Sie dem Hund das Beißen ab?

Unterlassen Sie (bzw. das jeweilige »bedrohte« Mitglied der Familie) ab sofort alle Aufforderungen, die Sie nicht erzwingen können. Solange Sie Angst vor einem Biß haben, greifen Sie den Hund niemals an, denn er riecht Ihre Furcht und wird logischerweise wieder beißen. Das aber müssen Sie um jeden Preis verhindern. Dafür machen Sie ihm auf Hundeart klar, daß **Sie** der Chef sind:

Ab sofort essen erst Sie, in Sicht- und Riechweite des Hundes, und zwar ruhig, deutlich und langsam. Er bekommt sein Futter danach, also ab jetzt nicht mehr zu den gewohnten Zeiten, sondern nach

Erst nach einer Gehorsamsübung darf der Hund fressen. Das mindert sein Selbstbewußtsein und hebt das Ansehen des Menschen

Ihren Mahlzeiten. Außerdem muß er davor eine kleine Übung absolviert haben, und wenn es nur das »Sitz« ist, das Sie fordern, obwohl die gefüllte Futterschüssel schon vor ihm steht. Zugreifen darf er erst auf Ihr »Jetzt« hin.

Zimmer, zu denen er immer Zutritt hatte, sind ab sofort gesperrt.

Die gewohnten Spaziergehzeiten ändern Sie abrupt genauso wie die Wege. Sie sind es, der Tempo, Richtung, Zeiten und Dauer bestimmt.

Will der Hund hinaus, lassen Sie ihn zuerst wieder eine Übung absolvieren: »Sitz« z.B. Erst danach wird seine Bitte erfüllt.

Wenn Sie ihm körperlich überlegen sind, kommen Sie natürlich schneller und besser an Ihr Ziel. Dann sollten Sie ihn z.B. stets, wenn er es sich auf einem sonst von Ihnen benutzten Platz gemütlich macht, auf »seinen« Platz verweisen – ihn notfalls hintragen. Danach schütteln Sie ihn kräftig im Nacken oder fahren ihm mit der Hand sofort über die Schnauze, wenn er knurrt. Beide Maßnahmen setzen voraus, daß Sie keinerlei Angst vor Ihrem Hund haben, ihn also auch körperlich beherrschen.

Ist der Hund Ihnen überlegen (das gibt es häufiger, als man glaubt), verbarrikadieren Sie den Platz, den er besetzen möchte, so lange, bis er sich dort niederläßt, wo Sie es wünschen. Sparen Sie ab sofort mit überschwenglichem Lob. Ein kurzes »Brav« genügt als Anerkennung.

Wichtiger Hinweis:
Sie können Ihrem Hund jeden Wunsch erfüllen, **nachdem** er Ihnen einen erfüllt hat. Aber nicht vorher und nicht immer.

Die Wirkung ist, wenn Sie sich wirklich konsequent so verhalten haben, schon nach einigen Tagen deutlich erkennbar: Ihr Hund ist verunsichert, er konzentriert sich stärker auf Sie, und er beginnt, von sich aus auf Ihre Wünsche zu reagieren. Freiwillig setzt er sich vor den Futternapf und wartet auf Ihre Erlaubnis zu fressen. Ohne Aufforderung legt er sich in seinen Korb, wenn Sie sich in den Sessel setzen. Beim Spaziergang geht er nicht seine Wege, sondern hält ein Ohr

Wenn der Hund Ihnen den Platz auf Sessel und Sofa streitig machen will, dürfen Sie nicht nachgeben. Verweisen Sie ihn streng auf seinen Platz zurück

und ein Auge auf Sie. Jetzt dürfen Sie sich nicht erweichen lassen. Denken Sie immer daran, daß er schon einmal alle Vorteile des Rangobersten genossen hat und sich von diesem Platz nicht ohne weiteres verdrängen läßt. Erweitern Sie deshalb die Palette Ihrer Wünsche, fordern Sie ruhig mehr von ihm. Fangen Sie an, ihm Aufgaben zuzuweisen, für die er Anerkennung erhält. Warum soll er z. B. nicht Ihre Schuhe holen, bevor Sie mit ihm spazierengehen? Er könnte ja auch einen Korb, eine Tasche oder ein Plüschtier tragen, wenn er Sie begleitet, statt zu schnüffeln oder loszurennen. Allerdings dürfen solche Aufgaben zeitlich nicht zu stark ausgedehnt werden. Und ahnden Sie jeden Rückfall mit einem unmittelbar darauf folgenden Nackenschütteln.

Gewonnen haben Sie, wenn Ihr Hund, sobald Sie seinen Namen nennen, sich voll auf Sie und das, was Sie ihm jetzt abverlangen, konzentriert. Dann erst können Sie seinen Alltag lockerer gestalten und entstressen, denn jetzt haben Sie ihm seine Position unmißverständlich klargemacht. Er wird nicht mehr versuchen, die »alte Ordnung« wiederherzustellen, weil – als Nebeneffekt – Sie jetzt viel mehr Selbstbewußtsein zeigen und damit von vornherein seine Gedanken an eine Revolte unterdrücken.

Warum beißt ein Hund?

- weil er Schmerzen hat oder krank ist
- wegen erblicher Vorbelastung
- aus Unsicherheit oder Angst
- nach falscher oder zu vehementer Schutzhundeausbildung
- unbeabsichtigt durch Schreck, Streß oder Schock – meistens ein einmaliger Ausrutscher
- aus falsch verstandenem Hierarchiebewußtsein

Was können Sie dagegen tun?

1. Erzwingen Sie kleine Übungen

2. Füttern Sie in kleinen Rationen immer nur dann, wenn Sie zuvor gegessen haben

3. Lassen Sie den Hund vor jeder Fütterung irgendeine kleine Übung machen

4. Erfüllen Sie seine Forderungen nur, wenn er vorher eine Übung absolviert hat

5. Weisen Sie ihm einen festen Schlafplatz weit weg von Ihnen zu, und erzwingen Sie, daß er ihn akzeptiert

6. Ändern Sie Ausgehzeiten, Spazierwege und Spazierdauer

7. Bestimmen **Sie** unterwegs Tempo und Richtung

8. Reagieren Sie auf Knurren sofort mit einem Griff über die Schnauze, mit Nackenschütteln und mit der Aufforderung zu einer Übung

9. Erweitern Sie die Palette der Übungen um kleine Aufgaben

10. Lassen Sie den Hund fortan mindestens zweimal täglich üben

Überängstlichkeit

Fast genauso gefährlich wie der Menschen gegenüber aggressive Hund kann sein überängstliches Pendant werden. Denn Panik läßt jeden Hund alles vergessen, was er bisher gelernt hat. Der Mensch erreicht ihn dann nicht mehr. Solche extrem ängstlichen Hunde trifft man bei beiden Geschlechtern, unter allen Rassen und in jedem Alter. Die Furchtsamkeit kann sich auf alles Neue und Ungewohnte beschränken, nur in bestimmten Situationen auftreten oder allgemein sein. Überängstliche

Hunde sind dauernd in Fluchtbereitschaft, sie verlieren oftmals die Kontrolle über Blase und Darm und nicht selten werden sie auch bissig.

Warum wird ein Hund ängstlich?

Auch hier kommen verschiedene Ursachen in Frage:

Ein wichtiger Grund für generelle oder bestimmte Ängste eines Hundes sind **fehlende Umweltreize** in frühester Jugend. Wer im dunklen Stall geboren wurde und bis zum Zeitpunkt des Besitzerwechsels weder andere Menschen noch andere Tiere gesehen hat, für den ist alles Neue unheimlich und furchterregend, denn es gehört nicht in sein Weltbild.

Die weitere Ursache für schon früh gezeigte oder plötzlich auftretende »Feigheit« stellen **negative Schlüsselerlebnisse** dar: Da ist der Kleinste im Wurf, der immer herumgeschubst wurde und folglich lebenslang die Konfrontation mit selbstbewußten Hunden scheut; der Gebissene, der seinen Artgenossen am liebsten aus dem Weg geht; der an einem Unfall beteiligt Gewesene, den Verkehrslärm und jedes Auto erzittern lassen; der Geprügelte, der der menschlichen Hand ausweicht.
In all diesen Fällen können wir den Hund verstehen. Oft aber kennen oder erkennen wir den Zusammenhang zwischen einer bestimmten Situation und der damit verbundenen Panik nicht. Oder der Hund »leidet« unter generellen Ängsten, lebt quasi in dauernder Alarmbereitschaft.

In jedem Fall müssen Sie ihn von seiner Angst befreien. Wieder ist das am leichtesten möglich, wenn Sie die Welt aus Hundesicht betrachten:
Einem ängstlichen Hund fehlt zunächst einmal das Vertrauen in Sie. Entweder er hat sich in einer Schlüsselsituation von Ihnen im Stich gelassen gefühlt, beispielsweise bei einem Autounfall oder einer Rauferei, wo er verletzt wurde. Oder er fühlt sich vor »Heldentaten« ohne Rückendeckung. Sie, als der von ihm anerkannte Rudelführer, benehmen sich für den Hund zu unentschlossen, zu unlogisch.

Beispiel:
Ihnen kommt ein großer Hund entgegen, und Ihr Hund bleibt augenblicklich stehen oder will umkehren. Sie reden ihm gut zu. Ihr Hund zerrt an der Leine. Sie zögern, bleiben auch stehen, kehren vielleicht sogar um. Das bedeutet für ihn: Mein Rudelführer hat auch Angst, er weiß nicht, was er tun soll.
Ihr Hund als Ihr Schutzbefohlener fühlt sich also nicht genügend beschützt, er ist verunsichert, weiß oft auch nicht, ob er sich wunschgemäß verhält, und befürchtet infolgedessen Strafe. Zu viele »Neins« und »Pfuis« verstören ihn immer mehr. Ihre Trostworte flößen ihm Angst ein, weil er (völlig richtig) den veränderten Tonfall, das ausströmende »Mit«-Leid, mit dem Sie ihn beruhigen wollen, als Vorbereitung auf eine für ihn bedrohliche Situation erkennt. Weder mit Trost noch mit Härte können Sie ihn aus der Reserve locken.

Ob er überhaupt noch Vertrauen zu Ihnen hat, erkennen Sie schnell an folgenden Kriterien:

- Ist Ihr Hund immer verschwunden, wenn ihm etwas Unerfreuliches (Tierarzt, Baden) bevorsteht?
- Hört er nicht mehr auf Sie, wenn der Gegenstand oder das Lebewesen, vor dem er Angst hat, auftaucht?
- Zeigt er in angsterregenden Situationen aktiven oder passiven Widerstand (an der Leine zerren, weglaufen)?
- Duckt er sich, wenn Sie auf ihn zugehen, oder wirft er sich auf den Rücken (Unterlegenheitsgeste)?
- Vermeidet er, Ihnen direkt in die Augen zu schauen?

Mit sanfter Gewalt müssen Sie Ihren Hund dazu »überreden«, über den eigenen Schatten zu springen und seine Angst zu überwinden

- All das können Signale dafür sein, daß Sie in den Augen Ihres Hundes seinem Anspruch an Sie als sein Beschützer und Verteidiger nicht gerecht werden. Das müssen Sie unbedingt ändern, sonst bleibt Ihr Vierbeiner ewig ein Angsthase.

Was tun Sie gegen die Überängstlichkeit?

Wenn Sie die Situationen, Gegenstände oder Lebewesen kennen, die Ihren Hund in Panik versetzen, meiden Sie sie möglichst ab sofort.

Verlegen Sie Ihre Spaziergänge in hundefreie bzw. verkehrsarme oder möglichst unbesiedelte Gegenden. Bei einem generell verunsicherten Hund können Sie sich einige Zeit sogar auf den Garten oder (außer

Nach einer Heldentat freuen Sie sich über die gelungene Glanzleistung und sparen nicht mit Lob

bei Verdauungsspaziergängen) auf die Wohnung beschränken. Denn hier lernt er am ehesten, wieder oder überhaupt Vertrauen zu Ihnen aufzubauen.

Führen Sie einen geregelten Tagesablauf ein: feste Fütterungszeiten, feste Spiel- und Ruhephasen (auch sonntags einhalten).

Vermeiden Sie während der Zeit der »Umerziehung« Trubel, Hektik und Einbrüche in diesen geregelten Tagesablauf.

Wichtiger Hinweis:
Zwingen Sie sich selbst zu absoluter Ruhe. Reden Sie freundlich, aufmunternd, aber keinesfalls weinerlich (erbarmungsvoll, mitleidend, trostspendend) oder hart mit Ihrem Hund.

Gönnen Sie dem Hund Erfolgserlebnisse, die sein Selbstbewußtsein stabilisieren: Fordern Sie ihn zu lächerlich leichten Aufgaben (Pfötchengeben, Sitzen) auf, nach deren Durchführung Sie ihn loben und streicheln. Bei einem ängstlichen Hund ist Körperkontakt äußerst wichtig. Ihre Hand muß ihm Sicherheit vermitteln so wie Ihre Stimme ihm Selbstvertrauen gibt.

In der Wohnung, im Garten oder auf den »sicheren« Spazierwegen lassen Sie ihn dann »Mutproben«

bestehen: Zeigt er z. B. Neigung zum Apportieren, lassen Sie ihn ein extra großes Aststück tragen, ist er sportlich, ermuntern Sie ihn zum Sprung ins Wasser, zum Balancieren auf einem Steg oder zum Überspringen eines Grabens.

Zeigt er vor irgend etwas Angst, ignorieren Sie das. Sie können mit Unverständnis reagieren oder gar nicht. Wenn Sie ganz sicher sind, daß Sie eine Heldentat ohne negative Folgen erzwingen können, dürfen Sie auch das. Danach muß ein in Hundeohren leicht triumphierend klingendes »Na also« kommen, und natürlich widerum ein Lob und ein Streicheln.

Wichtiger Hinweis:
Jedes neuerliche negative Erlebnis hat verheerende Konsequenzen, und Sie müssen wieder ganz von vorn anfangen. Eine Umerziehung in langsamen, kleinen Schritten ist deshalb sicherer.

Wenn die Grundlage für die innere Sicherheit des Hundes geschaffen ist, wenn sich das Tier also an seinen geregelten Tagesablauf gewöhnt hat, können Sie vorsichtig darangehen, seine Angst in bestimmten Situationen zu verringern. Führen Sie dazu das Objekt der Angst in stark vermindertem Ausmaß in diesen Alltag ein.

- Bei einem geräuschempfindlichen Hund spielen Sie leiseste Töne vom Tonband ab, die Sie allmählich lauter werden lassen können.
- Hat der Hund Angst (Phobie) vor Personen oder Tieren, lassen Sie diese in einiger Entfernung auf den jetzt gewohnten Wegen auftauchen, um ihnen gemeinsam mit Ihrem Angsthasen allmählich näher zu kommen.
- Bei Angst vor Autos veranlassen Sie, daß ein Wagen nahe dem gewohnten Weg steht; er wird im Abstand von etwa zwei Metern umrundet und fährt schließlich in einiger Entfernung vorbei.

Alle Angstauslöser aufzuzählen ist nicht möglich, doch das Prinzip der Desensibilisierung ist immer das gleiche: Sie lassen den Hund so oft erleben, daß er nichts Schlimmes zu befürchten braucht, solange er an Ihrer Seite ist, bis er ohne Zögern und auch ohne Fluchtintentionen diese »gefährlichen« Situationen meistert.

Wichtiger Hinweis:
Sie wissen, daß gleich der Angstauslöser auftaucht, Ihr Hund weiß es nicht. Sprechen Sie also wie gewohnt mit ihm, lassen Sie ihn eine der geübten Mutproben oder Aufgaben ausführen, und loben Sie ihn dafür. Im Idealfall ist er so auf Sie konzentriert, daß er den Feind (scheinbar) nicht bemerkt. Nase, Gehör und Augen leiten die Information »Feind in der Nähe« jedoch weiter, und die gesamte Situation bewirkt eine Abschwächung der Angst: Es ist ja nichts passiert.

Je nach dem Grad der Angst kann es Wochen, ja sogar Monate dauern, bis aus einem furchtsamen Geschöpf ein sicherer Hund wird. Die Mühe lohnt sich aber wie bei keinem anderen Problemhund. Aus ängstlichen entwickeln sich nämlich oft die gelehrigsten, lebenslustigsten Hunde.

Warum hat ein Hund Angst?

► weil er während der Sozialisierungsphase keinen Umweltreizen ausgesetzt war

Wenn der Angstauslöser (z.B. ein anderer Hund) in der Nähe auftaucht, rufen Sie Ihren Vierbeiner zu sich und lassen ihn eine kleine Aufgabe erledigen. Das lenkt ihn ab

- weil er Situationen mit unangenehmen Erfahrungen verbindet
- weil er Rückendeckung durch seinen Menschen vermißt
- weil er als Welpe der Schwächste unter den Geschwistern war

Wie können Sie gegen die Angst angehen?

1. Schaffen Sie einen streng geregelten Alltag mit festen Zeiten für Fütterung, Spaziergänge etc.

2. Vermeiden Sie eine direkte Konfrontation mit Angstauslösern

3. Stärken Sie das Selbstgefühl des Hundes durch Erfolgserlebnisse

4. Vermeiden Sie tröstende oder mitleidige Worte und Gesten

5. Ergreifen Sie keine harten Maßnahmen

6. Erweitern Sie die Aufgabengebiete um Mutproben, denen Lob und Streicheleinheiten folgen

7. Provozieren Sie angstauslösende Situationen auf niedrigster Reizebene

8. Verstärken Sie die angstauslösenden Reize allmählich, und lenken Sie Ihren Hund zugleich davon durch Übungen und Mutproben ab

9. Ignorieren Sie Fehlverhalten, oder übergehen Sie es durch erneute Aufmunterung

10. Behalten Sie den geregelten Alltag bei

Ein Zeitgerüst erleichtert ängstlichen Hunden das Alltagsleben und gibt ihnen Sicherheit

Stubenunreinheit

Es sind mehr die kleinen als die großen Hunde, mehr die Weibchen als die Rüden, häufiger sensible als robuste und öfter ängstliche als dominante Hunde, die spontan, manchmal oder regelmäßig die vererbte oder erlernte Stubenreinheit vergessen.

Wodurch wird Stubenunreinheit ausgelöst?

Auch hier gibt es wiederum die unterschiedlichsten Gründe:

Es können **gesundheitliche Ursachen** sein: Mitunter tritt bei Hündinnen nach einer Kastration unkontrolliertes Harnträufeln auf. Auch Erkältungen, Infektionen und andere gesundheitliche Störungen können Stubenunreinheit zur Folge haben.
Da in diesen Fällen das Problem durch eine tierärztliche Behandlung aus der Welt zu schaffen ist, müssen Sie klären, ob einer dieser Gründe vorliegt, bevor Sie nach psychischen Ursachen suchen.

Auch überängstliche oder hypersensible Tiere reagieren auf **Übererregung, Angst** oder **Schock** mit einem spontanen Entleeren von Blase und/oder Darm. Hier beseitigen Sie das Problem ebenfalls durch Therapieren des Auslösers.

Eine **Fehleinschätzung der Blasen- und Darmkapazität** seitens seines Herrchens zwingt manchen Hund direkt in die Unsauberkeit. Wer seinem Vierbeiner nicht zur rechten Zeit die Möglichkeit gibt, sich zu lösen, muß mit Flecken in der Wohnung rechnen.

Schließlich ist als Grund für das »Bettnässen« noch **falsche** oder **zu späte Bestrafung** zu nennen: Den Hund mit der Nase in seine Hinterlassenschaften zu stupsen macht ihm gar nichts begreiflich. Auch ein Schütteln im Genick, das erst am nächsten Morgen erfolgt, bewirkt höchstens Angst. Ihr »Nein« ist nur dann angebracht, wenn Sie bei der Tat dabei sind, Ihr Hund also, sein Tun mit Ihren Worten oder Handlungen verbinden kann.

Wichtiger Hinweis:
Falls Sie wenig Zeit für Ihren Hund haben, könnte es sein, daß er schnell merkt, wie stark er durch Unsauberkeit Ihre Aufmerksamkeit erregt. Bedenken Sie deshalb: Eine Beachtung aus negativen Gründen ist für einen Hund immer noch besser als gar keine.

Die weitaus häufigste Ursache für Unsauberkeit ist die **Unsicherheit** des Hundes, wo er soll und wo er nicht darf. Weil gerade bei der Stubenunreinheit die geruchliche Komponente eine große Rolle spielt, ist es für uns Menschen besonders schwierig, uns in den Hund hineinzuversetzen; trotzdem müssen Sie es versuchen, wenn Sie das Problem in den Griff kriegen wollen:

Sobald der Hund das Bein da hebt, wo er nicht soll, ziehen Sie ihn ruckartig zurück und rufen »Nein!« Unmittelbar darauf führen Sie ihn zu einem erwünschten Toilettenplatz

Durch seine Hinterlassenschaften befreit sich der Hund nicht nur vom Druck auf Blase und Darm, sondern er gibt damit auch Nachrichten an seine Artgenossen weiter. Jeder Tropfen Urin enthält Informationen über Alter, Geschlecht, sexuellen Zyklus und Rang des Besitzers. Zusätzlich zeigt er anderen Hunden an, daß ein Revier besetzt ist. Ihr Hund riecht diese News der anderen natürlich auch und gibt seinerseits die eigenen weiter.

Weil Ihre Nase nun weder die Spuren des eigenen Hundes noch die der anderen aufnehmen kann, benehmen Sie sich in den Augen Ihres Vierbeiners widernatürlich, wenn Sie ihn zwingen, sich irgendwo zu entleeren, wo z.B. ein Ranghöherer schon Ansprüche angemeldet hat. Oder wenn Sie ihn daran hindern, seine Botschaften über die von Provokateuren zu setzen. Vielleicht gehören Sie sogar zu den »Verrückten«, die ihn an den interessantesten Nachrichtenblocks vorbeizerren und ihn zwingen wollen, sich an einer für ihn völlig sinnlosen Ecke zu entleeren.

All das verunsichert ihn, läßt ihn die Notdurft zurückhalten und möglicherweise aus Unsicherheit oder auch, um Ihnen seine Situation zu verdeutlichen, seine Geschäfte in der Wohnung erledigen.

Rüden heben ihr Bein an allen Grenzpunkten des Reviers, um Artgenossen ihre Besitzansprüche mitzuteilen

Ob Ihr stubenunreiner Hund eher zu denen gehört, die nicht wagen, sich in besetzten Gebieten zu entleeren, oder ob er seinen Herrschaftsanspruch auf die Wohnung deutlich machen will, erkennen Sie, wenn Sie ihn genau beobachten:

- Wie hoch markiert der Rüde beim Beinheben? Hinterläßt er seine Spuren vom Boden aus gesehen eher in einem kleinen Winkel oder fast waagrecht in der Höhe seiner eigenen Größe? Je höher er markiert, desto dominanter fühlt er sich. Je weniger stark er das Bein hebt, um so tiefer ordnet er sich selbst innerhalb seiner Artgenossen aus der Nachbarschaft ein. Er zeigt so, daß er den höheren Rang der anderen Hunde, die hier verkehren, anerkennt.
- Setzt die Hündin sich fast auf den Boden, und entleert sie sich hastig und komplett nur an einem Ort? Dann erkennt sie die Ansprüche der anderen Artgenossen in ihrem Terrain an. Hockt sie dagegen auf drei Beinen, oder entleert sie sich fast im Stehen und mehrfach, verteilt also ihre Nachrichten in mehreren Raten, gehört sie zu denen, die über die restliche Hundewelt erhaben sind.

Wichtiger Hinweis:
Läufige Hündinnen markieren oft, in kleinen Mengen und gern da, wo sich ranghohe Rüden bereits verewigt haben.

- Geht Ihr Hund draußen zielstrebig zu bestimmten Punkten, um dort zu schnuppern und ein paar Tropfen zu hinterlassen? (dominant)
- Zögert er beim Ausgang, läuft er ohne zu schnuppern eine größere Strecke, und »sucht« er, entfernt vom eigenen Zuhause, immer wieder nach unbesetzten Orten? (unterwürfig)
- Tritt die Unsauberkeit immer nach bestimmten Situationen auf, z.B. wenn Besuch da war oder wenn Ihr Hund gar einen anderen im Treppenhaus erschnuppert? (dominant)
- Tritt sie nur nachts auf, wenn Sie nicht zugegen sind? (unterwürfig)
- Ist Ihr Hund gar nicht zu Hause unsauber, sondern nur in fremden Wohnungen, Büros etc.? (dominant)

Egal ob Ihr Hund nun die eigenen vier Wände beschmutzt, weil er sich

zu sicher oder weil er sich unsicher fühlt: Sie können seine Gewohnheit, sich aus Lust oder Angst in der Wohnung zu entleeren, nur umfunktionieren, indem Sie ihm hundegerechtes Verhalten zubilligen.

Wie gewöhnen Sie dem Hund die Unreinheit ab?

Ignorieren Sie die störenden Flecken, kommentieren Sie sie weder durch Gesten noch durch Worte, und beseitigen Sie sie in Abwesenheit des Hundes.

Beobachten Sie ihn um so genauer beim Spaziergang. Lassen Sie ihn in Ruhe schnuppern und suchen. Ziehen Sie ihn nicht von interessanten Orten weg, sondern warten Sie geduldig, wenn er länger an einer Stelle verweilt. Beeinflussen Sie ihn in keiner Weise, wenn er einen Zickzackkurs einschlägt oder sich in die Gegenrichtung bewegt. Werden Sie auch nicht ungeduldig, wenn er eine Viertelstunde oder länger keinerlei Anstalten macht, sich zu entleeren. Lassen Sie ihn einfach laufen. Irgendwann kommt schon der Moment, wo er das Bein hebt oder sie sich hinhockt. Im selben Augenblick rufen oder sagen Sie aufmunternd den Namen Ihres Hundes und ein beliebiges Schlüsselwort (Jawoll, Pfütze, Prima ...) und loben

Wer das erste Malheur erst später entdeckt und den Hund dafür tadelt oder bestraft, löst Unsicherheit oder Angst aus, erreicht aber keine Stubenreinheit

ihn kurz, bevor Sie ihm die Aufmerksamkeit wieder entziehen.

Wiederholen Sie Aufmunterung und Lob jedesmal, wenn er sich da entleert, wo er darf oder soll. Falls er an einem unerwünschten Platz Halt macht, ignorieren Sie diese »Untat«.

Wichtiger Hinweis:
Begehen Sie keinesfalls den Fehler, den Heimweg anzutreten, sobald Blase und Darm leer sind, denn dann lernt der Hund: Sobald ich meine Geschäfte verrichtet habe, muß ich wieder nach Hause. Und so wird er den Auslöser für dieses unerwünschte Umkehren immer weiter hinauszögern. Zwischen seiner Notdurft und den Spaziergängen sollte für ihn keinerlei Zusammenhang entstehen, weder ein positiver noch ein negativer.

Nach wenigen Tagen hat der Hund Ihr Schlüsselwort und Ihr Wohlwollen mit seiner Handlung verknüpft, und Sie können ihm unerwünschte Stellen (etwa den Gehsteig) verleiden – durch ein energisches Nein, den raschen Gang zu einem »seiner« Örtchen und die Aufmunterung dort. Von nun an haben Sie es in der Hand, jede Fehlentleerung durch ein Nein zu verhindern und das Entleeren sogar zu steuern, indem Sie den Hund direkt dazu auffordern – natürlich nur dann, wenn Sie vorher sein Hauptanliegen, sich nicht selbst in Konflikt mit der Hundeumwelt zu bringen, berücksichtigt und es ihm so möglich gemacht haben, seine Aufmerksamkeit wieder voll und ganz Ihnen zu schenken.

Warum wird ein Hund unsauber?

- weil er nicht wagt, seine Duftstoffe an Stellen abzusetzen, an denen ranghöhere Nachbarhunde das tun
- weil er keinen unbesetzten Platz findet
- weil er weiß, daß er dadurch Ihre Aufmerksamkeit erregt
- weil er sich draußen zurückhält, denn die Erfahrung hat ihn gelehrt, daß er unmittelbar nach der Entleerung wieder nach Hause muß
- weil er im eigenen Zuhause seinen Herrschaftsanspruch deutlich machen will
- aus gesundheitlichen Gründen

Was können Sie gegen die Stubenunreinheit tun?

1. Ignorieren Sie Fehltritte

2. Geben Sie dem Hund die Möglichkeit, sich selbst einen Toilettenplatz zu suchen

3. Begleiten Sie sein Beinheben oder Hinhocken mit einem Schlüsselwort

4. Verbinden Sie das Schlüsselwort mit einem kurzen Lob

5. Kommentieren Sie das Entleeren an unerwünschten Stellen mit einem scharfen »Nein«

6. Führen Sie den Hund unmittelbar nach dem Tadel an einen Ort, wo er sich entleeren soll

7. Kehren Sie niemals unverrichteter Dinge um

8. Treten Sie niemals sofort den Heimweg an, wenn der Hund sein Geschäft verrichtet hat

9. Setzen Sie das Aufmunterungswort gezielt zeitlich und örtlich ein

10. Führen Sie regelmäßige Ausgehzeiten ein – Sie trainieren auf diese Weise Blase und Darm des Hundes

Kläffen

Dauergebell stellt vor allem in dichtbesiedelten Gebieten ein echtes Problem dar – zunächst für Nachbarn und Mitbewohner, später auch für den Hundebesitzer selbst, denn wenn der Streit um den Kläffer erst einmal vor Gericht landet, endet er fast immer mit einer »Bellbeschränkung« auf bestimmte Zeiten oder einem Bellverbot, was zwar völlig unsinnig, weil unpraktizierbar ist, aber in der Rechtsprechung heute tatsächlich üblich.

Besonders »begabt« sind die spitzartigen Hunde sowie die Schäferhunde. Weniger lautfreudig sind die meisten Jagdhunde (Ausnahme: der Beagle) und die Windhunde (Ausnahme: der Whippet). Einige Schlittenhunderassen und auch der Basenji »können« nicht bellen, sie geben statt dessen heiseres Jaulen oder Heulen von sich.

Unterschiede zwischen den Geschlechtern hat man bisher noch nicht festzustellen vermocht: Rüden und Hündinnen bellen gleich gern und oft.

Die Freude der Vierbeiner an diesem vom Menschen unerwünschten Melden fängt früh an. Und wenn Junghunde, die viel und laut kläffen, nicht rechtzeitig gebremst werden, so intensivieren sich ihre Lautäußerungen im Laufe der Jahre immer mehr.

Warum wird ein Hund zum Kläffer?

Da Bellen nichts anderes ist als gewollte Kommunikation des Hundes auf größere Entfernungen hin, liegen die Ursachen für zuviel Lärm auf der Hand:

Ein Hund bellt, um die **Aufmerksamkeit** von anderen Hunden oder von Menschen auf sich zu ziehen. Merkt er, daß er Erfolg hat und ihm nun die gewünschte Beachtung geschenkt wird, setzt er dieses Mittel bei allen möglichen Gelegenheiten ein.

Er bellt auch, wenn er seine Artgenossen hört – als **Antwort.**

Bellen kann außerdem als **Drohung** gemeint sein: wenn Gefahr im Verzug ist, andere Hunde sein Revier passieren, fremde Menschen in sein Territorium eindringen wollen (z.B. der Briefträger) oder unbekannte Geräusche oder Gerüche ihn verunsichern. Der Hund fühlt sich dann effektiv als Wächter und teilt uns Menschen mit, was wir offensichtlich nicht bemerkt haben – daß Gefahr droht.

Eine nicht seltene Ursache für Kläff-Balladen ohne Ende schließlich ist **Vereinsamung,** fehlende Geborgenheit; das Bellen stellt hier ein Rufen nach Zuwendung dar, auch wenn diese negativ (z.B. Schimpfen) ist. Daraus erklärt sich auch das Phänomen der ewig kläffenden Ketten- oder Zwingerhunde: Sie tun nichts weiter, als dauernd nach Kontakt zu rufen.

Lautes Gebell kann andererseits aber auch überschäumende Freude, begeisterte Zustimmung oder positive Erregung z.B. vor einem Spiel zum Ausdruck bringen oder ebenso als herzliche Begrüßung gemeint sein.

Wer viel bellt, hat auch viel zu sagen. Hunde reden mit benachbarten Artgenossen, rufen nach ihren Menschen oder machen diese auf eine drohende Gefahr aufmerksam

Wie gewöhnen Sie Ihrem Hund das Kläffen ab?

Bevor Sie darangehen, das Gebell unter Kontrolle zu bekommen, sollten Sie sich notieren, wann Ihr Hund die Stimme einsetzt, warum er das Ihrer Ansicht nach tut und wann er von selbst wieder abbricht. Und vermerken Sie außerdem, wie Sie bisher auf zu lautes anhaltendes Gebell reagiert haben. In fast allen Fällen fördern wir Menschen nämlich die Lautäußerungen unbewußt und ungewollt noch. Ein Hund, der bellt, ist immer auch aufgeregt. Wenn Sie ihn jetzt anschreien oder versuchen, sein Gebell mit Ihrer Stimme zu übertönen, fallen Sie sozusagen mit in sein Gebell ein – die innere Erregung baut sich weiter auf, der Hund bellt lauter und anhaltender.

Genauso unterstützt eine dem Gebell folgende Belohnung wie das Hinauslassen bei der Tür, das Spiel, zu dem er lauthals aufgefordert hat, die überschwengliche Antwort auf seine lärmende Begrüßung die Bellerei.

Schließlich – und das liegt nicht an Ihnen – fühlt sich der Hund, der Passanten (Menschen und Tiere) durch Kläffen zu vertreiben sucht, immer bestätigt, wenn diese weitergehen und sich von ihm entfernen.

Sobald Sie genau herausgefunden haben, bei welchen Gelegenheiten Ihr Hund außer Rand und Band gerät, können Sie mit der Therapie beginnen.

Wenn es möglich ist, sollten Sie eine Bell-Situation heraufbeschwören, ansonsten müssen Sie warten, bis Ihr Hund von selbst einen Anlaß sieht. Versuchen Sie, ihm so nahe wie möglich zu sein, wenn er loslegt.

Bellt er, weil Außenreize (Geruch, Geräusch) ihn animieren, so quittieren Sie die erste Lautäußerung mit einem kurzen knappen Lob, (Prima, Brav) verbunden mit seinem Namen und rufen ihn unmittelbar darauf zu sich. Reagiert er nicht, rufen Sie schärfer oder ziehen ihn am Halsband mit. Auf keinen Fall dürfen Sie sich aufregen oder schreien. Der Hund muß merken, daß Sie zwar zufrieden sind, weil er eine Gefahr gemeldet hat, daß Sie die Situation aber unter Kontrolle haben und für ihn kein Anlaß mehr besteht, sich weiter aufzuregen.

Falls er eine eintretende Person stürmisch laut begrüßt oder böse warnend verbellt, reagieren Sie mit einem ruhigen »Ist gut«, nennen wieder seinen Namen und lassen ihn »Sitz« machen. Daraufhin wird er gelobt, und Sie gehen zur Tagesordnung über. Startet er sofort mit neuerlichem Gebell, wiederholen Sie (ruhig) das »Sitz« und beginnen nun mit den »Eindringlingen« ein Gespräch, wobei Sie den Hund links liegenlassen. Ignorieren Sie ihn so lange, bis ihm sein Gebell selbst zu dumm wird. Dann – nach einer kleinen Pause – beachten Sie ihn wieder.

Sollte er in einen allgemeinen Lärmchor mit einstimmen, weil z.B. im Nachbargarten eine Party gefeiert wird oder vor Ihrer Wohnung mehrere Hunde bellen, lenken Sie ihn mit einer ruhigen Aufforderung und einem Spiel oder einem Leckerbissen ab.

Nach dem ersten Anschlagen loben Sie Ihren Hund und lassen ihn eine »stumme« Aufgabe erledigen

Falls keine dieser Maßnahmen einen Erfolg zeitigt, weil Ihr Hund schon zu Dauergebell konditioniert ist – weil Sie ihm dann früher immer Beachtung geschenkt haben – oder um jeden Preis Ihre Aufmerksamkeit erzwingen will, gehen Sie anders vor:

Wieder warten Sie, bis der erste Bellton erfolgt ist, heißen den Hund dann sich setzen und anschließend

Liegende Hunde bellen nicht; wenn Sie auf »Platz« bestehen, bringen Sie jeden Kläffer zum Verstummen

Eine Handbewegung signalisiert Ihrem Kläffer: »Schweig«. Bis er's gelernt hat, halten Sie ihm gleichzeitig die Schnauze zu

sich legen. Wenn er dieses Kommando nicht kennt, drücken Sie ihn nach dem »Sitz« energisch in die Bauchlage. Nur die wenigsten Hunde sind fähig, sich laut zu äußern, wenn sie liegen. Sie können Ihrem Vierbeiner aber auch mit der linken Hand die Schnauze zuhalten. Sobald er verstummt, legen Sie Ihren Zeigefinger auf Ihren Mund und flüstern »Psst!«. Unmittelbar danach loben Sie den Hund.

Dieses »Psst«, unterstrichen durch Ihre Handbewegung, setzen Sie immer dann ein, wenn der Hund nach einem Bellanfall ruhig ist. Unmittelbar damit verbunden muß ein angenehmes Erlebnis für das Tier sein, ein kurzes Spiel, ein paar Streicheleinheiten, eventuell auch eine Belohnung.

Wichtiger Hinweis:

Lassen Sie den Hund sich ein- bis zweimal äußern, bevor Sie ihn zur Ordnung rufen. Denn er bellt ja nicht grundlos und könnte ein absolutes Verbot nicht verstehen.

Unter keinen Umständen dürfen Sie sich durch nervenzermürbende Wiederholungen der Bellerei aus der Reserve locken lassen und wütend, laut, aufgeregt oder auch gar nicht reagieren, denn das hat zwingend einen Rückfall zur Folge. Vergessen Sie auch nie, zuerst den Namen des Hundes auszusprechen und dann Ihr »Sitz« oder »Hier« oder »Psst«, damit er das jeweilige Kommando auch auf sich beziehen kann. Sogar bei Hunden, die notorische Kläffer sind, läßt sich auf diese Weise das Bellen eindämmen. Das verzweifelte Rufen nach Kontakt und Zuwendung eines einsamen Zwinger- oder Kettenhundes dagegen kann nur durch Befriedigung dieses ganz natürlichen Wunsches gestoppt werden.

Warum kläfft ein Hund?

- um Aufmerksamkeit auf sich zu lenken
- als Antwort auf andere bellende Hunde
- weil er von Trubel oder Lärm angesteckt wird
- um Eindringlinge abzuschrecken oder zu vertreiben
- um Alarm zu schlagen, weil Ungewöhnliches vorgeht
- aus Einsamkeit
- aus Erregung, Freude, Begeisterung
- als Aufforderung zu gemeinsamen Aktivitäten

Was können Sie gegen das Kläffen tun?

1. Reagieren Sie ruhig und leise – niemals aufgeregt oder gar mit Geschrei

2. Lassen Sie den Hund ein- bis zweimal anschlagen, bevor Sie eingreifen

3. Lenken Sie seine Aufmerksamkeit durch Rufen seines Namens auf sich

4. Loben Sie den Hund kurz und freundlich für das Melden, und rufen Sie ihn zu sich

5. Lassen Sie ihn eine Sitzübung machen, und loben Sie ihn dafür

6. Heißen Sie ihn sich legen, oder drücken Sie ihn in Bauchlage
oder

7. Halten Sie ihm mit einer Hand die Schnauze zu

8. Gleichzeitig legen Sie den Finger an Ihren Mund und sagen leise »Psst«

9. Wiederholen Sie dieses »Psst« immer, wenn der Hund verstummt, und lassen Sie ein Lob folgen

10. Lenken Sie die Erregung, die der Hund durch Bellen abreagieren will, in andere Bahnen: Ein Spiel, Streicheleinheiten und Leckerbissen bieten sich hier an

Rauflust

Spielerisches Kräftemessen ist bei Welpen und Junghunden für die körperliche Entwicklung notwendig. Die unerfahrenen Tiere lernen dabei auch, ernsthafte Beißereien (die sie selbst als schmerzhaft erleben) durch Körpersprache und Mimik zu ersetzen. Zum Raufer, der zubeißt und seine Artgenossen verletzt, ja manchmal sogar tötet, wird erst der erwachsene Hund. Dabei zeigen Rüden deutlich mehr Aggressivität gegen ihre Artgenossen als Hündinnen.

Überdurchschnittlich oft sind es die großen Rassen – Schutzhunde, Herdenhütehunde – sowie die einst für Kämpfe gezüchteten Rassen wie Bull- und Staffordshire Terrier, Dogo Argentino, Tosa Inu oder Pitbull Terrier, die Artgenossen ihre Stärke durch Bisse demonstrieren.

Warum wird ein Hund zum Raufer?

Körpergröße und Kraft stärken die Rauflust ebenso wie jedes Erfolgserlebnis, also jeder Kampf, der mit der Niederlage des Gegners endet. Solche Erfolgserlebnisse sind meistens auch der Grund dafür, daß aus einem selbstbewußten Hund ein notorischer Raufer wird.

Die Ursachen können in seiner frühesten Kindheit liegen:

Welpen, die **ohne soziale Kontakte** zu anderen Hunden aufgewachsen sind, haben nie gelernt, sich mit ihresgleichen zu verständigen, und empfinden deshalb die Annäherung eines anderen Hundes als Bedrohung, gegen die sie sich wehren. Weil sie die Spielregeln bei

Begegnungen mit Artgenossen nicht kennen, beißen sie zu – fast immer trollt sich dann das erschrockene Hunde-Gegenüber: Das erste Erfolgserlebnis ist da.

Der verletzte Gegner eines nicht sozial aufgewachsenen Hundes kann durch einen solchen Angriff einen derartigen **Schock** erleiden, daß er seinerseits mögliche Angriffe im Vorfeld durch einen Biß abwehrt und ebenfalls zum Raufer wird.

Ein erster Kampferfolg konditioniert manche Rassen zu Raufern

Eine **nie geklärte Rangordnung** zwischen Hunden, die sich ein Revier teilen, stellt einen weiteren Grund für die Entstehung von Aggressivität dar. Die Besitzer zweier selbstbewußter Hunde wollen sich verständlicherweise nicht auf eine Konfrontation einlassen, machen es aber auf diese Weise den beiden Rivalen unmöglich, ein für allemal zu entscheiden, wer im gemeinsamen Territorium das Sagen hat.

Schließlich sind es die Besitzer selbst, die ihre Hunde durch falsches Verhalten unbewußt anspornen, mit anderen zu kämpfen, und ihnen durch ihre Reaktion zu verstehen geben, daß sie richtig gehandelt haben: Denn wie auch der Hund, der Menschen beißt, hat der Raufer ein **übersteigertes Selbstwertgefühl** und sieht sich in der Rudelhierarchie ganz oben – als Hüter, Wächter und Verteidiger seines Hab und Gut. Die gewohnten Spazierwege sind sein Reich, in dem er keinen Herausforderer duldet, sondern durch das er seine Menschen führt. Stößt er bei seiner »Inspektion« auf einen möglichen Rivalen, erwartet er, daß dieser ihn meidet. Andernfalls wird er versuchen, ihn durch Knurren oder durch einen Angriff zu vertreiben. Die Aufregung der Menschen, ihre Einmischung ins Gerangel, erhitzen ihn noch mehr. Nach dem ersten bestandenen Zweikampf wird er folglich bei jedem Spaziergang richtiggehend nach einem Gegner suchen. Die Menschen tun das natürlich auch, denn sie wollen ja einen weiteren Zwischenfall vermeiden. Doch ihre Erregung und Angst überträgt sich auf den Hund, der bei jedem Ruck an der Leine, bei jedem aufgeregten Rückruf erst recht aufmerksam wird und nach dem »Feind« Ausschau hält – ein Teufelskreis, aus dem es schließlich kaum noch ein Entrinnen gibt, denn ein Raufer kann letzten Endes gar nicht mehr von der Leine gelassen werden, wodurch sich aber wiederum seine innere Spannung noch verstärkt.

Wenn Ihr Hund zu denen gehört, die in jedem anderen einen Herausforderer sehen, müssen Sie ihm auf Hundeart klarmachen, daß er dazu keinen Grund hat; daß Sie die Verantwortung für ihn, für das Revier, für die Verteidigung der Besitztümer tragen und er lediglich eine Nebenrolle dabei spielen darf. Einen »Wiederholungstäter« umzuerziehen ist schwierig und erfordert eine Menge Zeit und Geduld sowie absolute Konsequenz – unmöglich ist es aber nicht.

Wie gewöhnen Sie Ihrem Hund das Raufen ab?

Beginnen Sie mit dem Umerziehen nach Möglichkeit dann, wenn Sie ein paar Tage Freizeit oder Urlaub haben.

Suchen Sie sich eine Gegend, in der Sie mit Ihrem Hund noch niemals waren, und lassen Sie ihn vor dem ersten Spaziergang dort nichts fressen. Nehmen Sie aber ausreichend kleine Leckerbissen mit.

Starten Sie mit dem Hund möglichst zu einer Zeit, zu der Sie sonst nie spazierengehen, etwa sehr früh am Morgen oder dann, wenn er eigentlich ein kleines Schläfchen einlegen würde.

Das alles verwirrt ihn, und die unbekannte Umgebung trägt noch dazu bei, ihn zu verunsichern. Kurzfristig sind **Sie** nun der stärkere Teil der Gemeinschaft, und diesen Vorteil nützen Sie aus. Gehen Sie zielstrebig voran, ändern Sie ruhig mehrmals die Richtung und das Tempo.

Tip:
Wenn Sie sicher sind, daß Sie keine Begegnungen mit anderen Hunden zu befürchten brauchen, sollten Sie Ihren Hund nicht anleinen. Andernfalls müssen Sie mit der Leine üben.

Bei jeder Änderung machen Sie den Hund durch Rufen seines Namens aufmerksam. Nach einigen Minuten bleiben Sie stehen und heißen ihn »Sitz«. Unmittelbar darauf folgt eine Belohnung, und Sie gehen weiter. Etwa fünf Minuten lang lassen Sie den Hund jetzt in unregelmäßigen Abständen sich setzen, belohnen ihn und gehen weiter (an der kurzen Leine oder »Bei Fuß«). Erst dann lassen Sie ihn sich mit Nase und Ohren orientieren, die fremde Gegend erfassen.

Wenn bis hierher alles geklappt hat, sind Sie beide einen großen Schritt weiter, denn statt aufs neue Revier hat Ihr Hund sich auf Sie konzentriert. Jetzt legen Sie eine Spielrunde ein, denn die Spannung, die sich im Hund aufgebaut hat, muß sich lösen können. Günstig ist ein Partnerspiel (Stöckchen- oder Ballwerfen), je nach Ausbildungsstand des Hundes auch Apportierübungen oder Hindernisspringen (über einen Bach, einen Baumstamm etc.). Alles das fördert die Konzentration auf Sie und verschafft dem Tier Befriedigung, weil es sich abreagieren kann und Lob von Ihnen erhält.

An diese Spielpause schließen Sie wieder ein paar Übungsminuten an, in die Sie all das einbauen, was der Hund gelernt hat: Sitz, Bleib, Down (Liegen) etc.

Der erste wie auch alle folgenden Ausflüge enden mit einem Spiel und damit, daß Sie Ihrem Hund deutlich Ihre Freude über das gute Gelingen der Übungen zeigen.

Falls Sie mit Leine üben, müssen Sie selbst sich gewaltig anstrengen, damit der Hund auch wirklich seine überschüssigen Kräfte ausarbeiten kann.

Es erhöht Ihre Chancen und verkürzt die Erziehungsphase erheblich, wenn Sie ab jetzt nicht immer in dieselbe Gegend gehen, sondern immer wieder eine neue Umgebung wählen. Dafür sollte das Ritual das gleiche bleiben: Konzentration, Aufgaben erfüllen, Erkundungsphase, spielen und toben, neuerlich Übungen und ein erfreuliches stürmisches Spielfinale.

Vermeiden Sie in den ersten Tagen möglichst jede Konfrontation mit anderen Hunden. Falls einer in

Sicht kommt, ändern Sie Ihre Richtung, und entfernen Sie sich zügig vom »Feind« – aber ohne Aufregung. Erst wenn Ihr Hund diese neue Art der Spaziergänge akzeptiert hat und Sie sicher sein können, daß er auch beim Spielen und Toben sein Hauptaugenmerk auf Sie richtet, können Sie eine Begegnung riskieren – aber erst einmal wieder in fremder Umgebung.

Wichtiger Hinweis:
Zwingen Sie sich selbst zu absoluter Ruhe; Sie müssen Zuversicht ausstrahlen, absolut davon überzeugt sein, daß Ihr Lernprogramm Wirkung zeigt.

Halten Sie das Aufgaben-Spiel-Programm eisern ein. Wann immer jetzt ein Hund auftaucht, beachten Sie ihn nicht, sondern fahren unbeirrt fort, Ihren Raufer sich setzen zu lassen, dafür zu belohnen und zügig weiterzugehen. Jedes Stutzen, Haaresträuben oder Knurren muß bei Ihnen absolute Unverständnis auslösen. Zwingen Sie den Hund gleichzeitig, sich auf Sie und Ihre Wünsche zu konzentrieren, indem Sie ihn schärfer ansprechen und streng zur Pflicht rufen. Keinesfalls schauen Sie in Richtung »Rivale« oder zeigen Aufregung durch eine erhobene Stimme oder verstärkten Leinendruck. Wenn Sie

So nah wie möglich sollte Ihnen Ihr ängstlicher Hund sein, wenn sich ihm ein Artgenosse nähert. Jetzt müssen Sie Ihre gesamte Autorität einsetzen

Stärkste Fixierung auf die menschliche Bezugsperson ist nötig, damit die Rauflust in den Griff zu bekommen ist

selbst sich diese Ruhe nicht zutrauen, bitten Sie einen Hundeerfahrenen, die erste Begegnung für Sie zu provozieren. Vergessen Sie auch nicht, Ihren Hund – ungeachtet seines Verhaltens – zu loben und zu belohnen, wenn er seine Aufgabe (vielleicht widerstrebend) gelöst hat, und die Tobephase folgen zu lassen, selbst wenn Ihnen nicht danach ist. Ihr Verhalten muß dem Hund klarmachen, daß andere Artgenossen in Ihrer beider Zweierbeziehung nicht die geringste Rolle

spielen, daß sie zu ignorieren sind. Wenn Sie sich gut in der Gewalt haben oder tatsächlich die Ruhe bewahren, werden Sie den Erfolg schon nach wenigen solcher Begegnungen spüren. Für Ihren Hund ist plötzlich wichtiger, was Sie von ihm wollen, als das Kräftemessen mit Gegnern. Das wiederum bewirkt bei Ihnen mehr Sicherheit, und Sie können zum schwierigsten Teil übergehen – dem Zurück ins eigene Territorium.

Natürlich wird Ihr Hund aufgeregt sein, seine Duftmarken zu erschnüffeln suchen, jede Veränderung aufspüren wollen. Doch genau das darf er zunächst nicht. Sie verlegen jetzt Ihre Rituale auf die gewohnten Wege. Erst Aufgaben erfüllen, dann schnüffeln, dann spielen, dann wieder Aufgaben.

Gehen Sie in den ersten Tagen möglichst zu einer Zeit, wo Sie vor Begegnungen mit »Erbfeinden« relativ sicher sein können. Verlieren Sie aber nicht die Ruhe, wenn trotzdem ein Hund auftaucht. Ignorieren Sie den fremden Vierbeiner, fahren Sie ohne Zögern in Ihrem Stundenplan fort.

Erst wenn auch der Spaziergang im eigenen Revier zu ungewohnten

Zeiten klappt, kehren Sie zum alten Tagesablauf zurück. Ihr Aufgabenpensum sollten Sie allerdings stur weiter durchführen – das ganze Hundeleben hindurch. Erlaubt ist aber eine Kürzung der einzelnen Phasen – weniger Minuten Aufgaben, knappere Erkundungszeit etc.

Wichtiger Hinweis:
Lassen Sie sich durch einen Rückfall keineswegs aus der Ruhe bringen, sondern fangen Sie einige Schritte vorher von neuem an.

Einen Raufer zu kurieren, kann unter umständen Monate dauern. Möglicherweise läßt sich Ihr Hund auch dann kaum auf ein fröhliches, harmloses Spielen mit Artgenossen ein, aber Sie können wenigstens ohne Angst oder Aufregung überall mit ihm spazierengehen.

Warum rauft ein Hund?

- weil er keine Erfahrung im Umgang mit anderen Hunden hat
- weil er schlechte Erfahrungen im Umgang mit anderen Hunden gemacht hat
- um seinen Rang unter anderen Hunden im gleichen Revier herauszufinden
- weil er sich als Territoriumswächter und -beschützer fühlt

Was können Sie gegen die Rauflust tun?

1. Verlegen Sie die Spaziergänge in dem Hund unbekannte Gegenden
2. wählen Sie ungewohnte Zeiten
3. Beginnen Sie jede Tour mit einem Fünf-Minuten-Aufgabenprogramm
4. Lassen Sie der Aufgabenphase eine Orientierungs- und Erholungsphase folgen
5. Toben und spielen Sie mit Ihrem Vierbeiner, bevor Sie wieder ein paar Aufgabenminuten einlegen
6. Jeder Spaziergang muß mit einer guten Erfahrung für den Hund verknüpft sein
7. Provozieren Sie in der fremden Umgebung Begegnungen mit anderen Hunden
8. Lenken Sie den Hund durch Aufgaben und Spiele ab
9. Verlegen Sie die Spaziergänge zurück in das dem Hund bekannte Revier, aber zu ungewohnten Zeiten; behalten Sie das Aufgaben-Orientierungs-Spiel-Programm bei
10. Kehren Sie zum normalen Tagesablauf zurück in den Sie aber die trainierten Übungen einbauen

Nicht-allein-bleiben-Wollen

Quer durch alle Rassen und Altersgruppen sowie bei beiden Geschlechtern finden sich die Hunde, die sich das Alleinsein durch lautes Bellen, durch Kratzen an der Tür, durch Wimmern und Jaulen oder auch durch Demolieren des Wohnungsmobiliars erträglich zu machen trachten.

Warum will ein Hund nicht allein bleiben?

Die Gründe sind bei allen die gleichen: Alleinsein ist nicht hundetypisch. Als im sozialen Rudel lebend trachtet jeder Hund danach, den Anschluß an seine Gruppe nicht zu verlieren, und greift zunächst zu den hundeüblichen Mitteln, wenn er sich verlassen fühlt: Er ruft nach den anderen. Die Wirkung ist meistens durchschlagend. Seine Familie kommt zurück, zwar wütend, aber er ist nicht mehr allein. Beim nächsten Mal wird er daher um so unermüdlicher jaulen.

Die Zerstörungswut, die sich im Anknabbern von Stühlen, im Ausleeren von Papierkörben, im Bettnässen oder im Bücherzerbeißen äußern kann, ist meist zuerst ein Zufall, dem das Erfolgserlebnis, nämlich die Zuwendung und Aufmerksamkeit des Menschen, folgt. Von da an stellt Alleinsein den Auslöser für das sofortige Setzen der schon einmal erfolgreich gewesenen Maßnahme dar: des Kaputtmachens.
Weil ein Hund instinktiv nie allein bleiben will, muß er es lernen. Wenn er es nie lernt, wird er sein Fehlverhalten (das für ihn ja keines ist) ausprägen.

Wichtiger Hinweis:
Durch Schimpfen oder Strafen erreichen Sie lediglich, daß der Hund Ihre Rückkehr zugleich ersehnt und fürchtet, was möglicherweise echte Verhaltensstörungen zur Folge hat.

An Ihnen liegt es nun, Ihren Hund davon zu überzeugen, daß Alleinbleiben ein Teil des Hundelebens ist, daß Sie ihn niemals im Stich lassen und sich genauso über ein Wiedersehen freuen wie er. Ihr Weggehen muß für ihn gewohnter Alltag werden, verbunden mit der unerschütterlichen Gewißheit, daß ihn überreicher Lohn erwartet, wenn Sie erst wieder da sind.

Wie gewöhnen Sie Ihren Hund ans Alleinbleiben?

Richten Sie Ihrem Hund einen festen Warteplatz in der Wohnung ein, eine geschützte Ecke, die ihm Geborgenheit und Sicherheit vermittelt. Für kleinere Rassen eignen sich an drei Seiten geschlossene Körbe, bei den großen tut's eine Decke oder ein Kissen in einer Zimmerecke. Diesen Platz müssen Sie Ihrem Vierbeiner erst einmal angenehm machen. Als Lockmittel eignet sich getragene Wäsche oder eine Decke, die Sie bisher benutzt haben, die aber weder gereinigt noch gewaschen sein sollte. Heißen Sie den Hund sich auf diesen Platz setzen oder legen, und belohnen Sie ihn sofort mit einem Leckerbissen. Setzen Sie sich ganz in die Nähe, und lesen Sie oder verrichten Sie sonst eine normale Tätigkeit. Nach einigen Tagen verbindet der Hund mit diesem Platz angenehme Erlebnisse – Ihre Nähe und seine Belohnung. Geben Sie ihm von da ab immer einen Kauknochen oder ein Spielzeug, das er gern hat, mit auf diesen Platz.

Sobald Ihr Hund dann seinen Rückzugsort sichtlich genießt, verlassen Sie ihn, wenn er schläft oder schlummert, für ein paar Minuten, indem Sie in ein anderes Zimmer gehen. Wacht er bei Ihrem Aufstehen auf und will aufstehen, weisen Sie ihn energisch auf seinen Platz zurück und drehen ihm wieder den Rücken zu. Bleiben Sie nur kurz weg, kommen Sie zurück, und begrüßen Sie den Hund, als wären Sie länger fort gewesen. Das wiederholen Sie mehrmals zu verschiedenen Uhrzeiten.

Ein fixer Platz vermittelt dem Hund Geborgenheit und verhindert Frusthandlungen aufgrund von Einsamkeitsgefühlen

Wählen Sie nun einen Tag, an dem Sie sich lange mit Ihrem vierbeinigen Gefährten beschäftigen können, mit ihm spielen, ihn toben und sich entleeren lassen. Er soll müde und zufrieden sein, wenn Sie ihn an seinen Platz schicken. Dort erhält er seinen gewohnten Leckerbissen und ein Spielzeug. Ideal ist es, wenn Sie in aller Ruhe warten können, bis er schläft.

Wichtiger Hinweis:

Warten Sie nicht voller Nervosität, denn die von Ihnen ausgehende Spannung überträgt sich unweigerlich auf den Hund; das hat zur Folge, daß er aufmerksam und mißtrauisch wird.

Schläft er ein, verlassen Sie das Zimmer und/oder die Wohnung für kurze Zeit, kehren zurück und »feiern« Ihr Wiedersehen mit einem Spiel, einem Leckerchen oder einem ausgiebigen Spaziergang – natürlich nur dann, wenn der Hund brav an seinem Platz gewartet oder die Zeit gar verschlafen hat.

Sollte er während Ihrer Abwesenheit bellen oder jaulen, oder verraten Ihnen, sobald Sie die Wohnung verlassen wollen, andere Geräusche, daß er sich von seinem Platz wegbewegt hat, kehren Sie sofort um und verweisen ihn streng zurück auf seinen Platz. Keinesfalls dürfen Sie ihn jetzt trösten oder beschimpfen. Ihr Wunsch bei der letzten Begegnung war, ihn auf seinem Platz zu sehen, das hat sich nicht geändert!

Wenn Sie diese kurzzeitigen Abwesenheiten einige Zeit geübt haben, wird der Hund sich daran gewöhnt haben und sich schon auf Ihre Rückkehr freuen.
Ab jetzt sorgen Sie dafür, daß der Hund, bevor er für längere Zeit allein bleiben muß, ausreichend toben konnte, also schläfrig und müde ist. Keine drückende Blase darf ihn irritieren, kein gefüllter Futternapf ihn vom Schlaf- und Warteplatz weglocken.

Gehen Sie nicht jedesmal weg, wenn Sie den Hund zu seinem Platz geschickt haben. Für ihn sollte Ihr Weggehen zeitlich nicht in unmittelbarem Zusammenhang mit dem »Platzverweis« stehen.

Warten Sie, falls Sie weggehen, immer ein paar Minuten, bis der Hund sich's richtig gemütlich gemacht hat.

Kündigen Sie Ihr Weggehen nicht an, sondern benehmen Sie sich als gingen Sie lediglich kurz in einen anderen Raum, in den Garten oder ins Treppenhaus.

Wichtiger Hinweis:
Schuhe anziehen, Mantel überwerfen, Schlüssel aufnehmen stellen für den Hund verräterische Signale dar. Das alles sollten Sie also auch zwischendurch tun, ohne aber wegzugehen, damit das Tier keinen Zusammenhang erkennen kann.

Solange Sie noch in Hörweite Ihrer Wohnung sind, können Sie zurückgehen, wenn Sie merken, daß der Hund unruhig ist, und ihn ohne ein sonstiges Wort wieder auf seinen Platz schicken. Ist er aber brav,

Wenn Sie ihn allein lassen wollen, schicken Sie den Hund mit strengen Worten auf seinen Platz. Trösten Sie ihn nicht

gehen Sie weiter, und wenn Sie nach einiger Zeit zurückkommen, müssen Sie das Wiedersehen immer, ungeachtet des Zustandes

Bei Ihrer Rückkehr feiern Sie stürmisch Wiedersehen

Ihrer Wohnung, feiern. Denn auch, wenn ihm Ihre Abwesenheit zu lange gedauert hat und er vielleicht einen Rückfall hatte, zählt jetzt nur eines: Sie sind wieder da. Ihre Rückkehr muß mit ausschließlich angenehmen Erlebnissen wie Futter bekommen, Spaziergang machen oder Streicheleinheiten erhalten verknüpft sein. Missetaten ignorieren Sie und beseitigen die Spuren in Abwesenheit des Hundes. Doch dürften Zwischenfälle, wenn Sie das Tier und sich selbst gut auf die erste lange Trennung vorbereitet haben, eigentlich nicht vorkommen. Und Sie können Ihren Hund von da ab zwei bis maximal vier Stunden allein lassen, ohne in ihm Jammer oder Wut auszulösen.

Wichtiger Hinweis:
Vier Stunden, nur in Ausnahmefällen auch einmal eine Stunde mehr, sollten das Limit fürs Alleinbleiben sein, denn geschaffen ist der Hund dafür nicht.

Warum lärmt oder wütet ein Hund, der allein ist?

- aus Angst, verlassen worden zu sein
- weil er durch akustische Signale Anschluß sucht
- weil Erfolgserlebnisse nach Bellen oder Mobiliarzerstören (Heimkehr des Menschen) sein Verhalten verstärken

Wie gewöhnen Sie Ihren Hund ans Alleinbleiben?

1. Schaffen Sie ihm einen festen Warteplatz

2. Verknüpfen Sie angenehme Erfahrungen mit diesem Warteplatz

3. Verlassen Sie das Zimmer kurz, solange er auf seinem Platz mit einem Kauknochen beschäftigt ist oder schläft

4. Kommen Sie zurück, und begrüßen und streicheln Sie den Hund dort

5. Sollten Sie einmal länger abwesend sein, sorgen Sie dafür, daß der Hund sich vorher entleert, daß er gefressen und getobt hat – also müde und zufrieden ist

6. Verlassen Sie die Wohnung nicht jedesmal, wenn er seinen Platz aufgesucht hat

7. Kündigen Sie Ihre Abwesenheit nicht an, und trösten Sie das Tier auch nicht, sondern gehen Sie unvermittelt und vollkommen selbstverständlich

8. Beim geringsten Anzeichen von Unruhe kehren Sie sofort zurück und verweisen den Hund streng wieder auf seinen Platz

9. Ignorieren Sie bei Ihrer Rückkehr etwaige Untaten

10. Feiern Sie jedes Wiedersehen mit Futter, Streicheleinheiten, Spielen und/oder einem ausgiebigen Spaziergang

Streunen

Rund ein Drittel aller vermißten Hunde und über 40% der Hunde-Unfallopfer gehören zu den sogenannten Streunern oder notorischen Ausreißern. Was eine Zeitlang gutging, wird ihnen irgendwann zum Verhängnis: Sie werden angefahren, sie finden trotz ihres hervorragenden Orientierungssinnes nicht mehr nach Hause zurück, werden von Jägern als gefährliche Wilderer erschossen oder – im günstigeren Falle – von Tierfreunden aufgegriffen und landen im Tier-

heim. Besonders häufig findet man die Streuner unter wild oder halbwild geborenen Tieren (z.B. aus den südlichen Ländern) und unter den Schutz- und Schäferhunden. Außerdem neigen Rüden eher dazu als Hündinnen.

Das Streunen zeigt sich meistens erst ab dem vollendeten ersten Lebensjahr und steigert sich, wenn es nicht gestoppt wird, mit zunehmendem Alter.

Warum wird ein Hund zum Streuner?

Hauptursache ist eine **fehlende Bindung** zu Heim und Familie: Der Hund erkennt die Seinen nicht als ihm zugehörig an. Vielleicht wird er zu lange allein gelassen. Auch fehlende Zuwendung durch die Menschen kann zu so einer Bindungslosigkeit führen.

Ein unausgefüllter Tagesablauf, also **Langeweile,** kann ebenfalls Motiv sein, der ersten Versuchung zu erliegen und auszubrechen. Die damit verbundenen angenehmen Erfahrungen führen zu einer Wiederholung. So wird aus einem einmaligen Ausrutscher das Gelegenheitsstreunen, und schließlich ist der Hund durch nichts mehr in »seinen Schranken« zu halten und reißt immer wieder aus.

Streuner fühlen sich überall und nirgendwo zu Hause

Manch ein Hundehalter trainiert seinem Hund das Streunen auch regelrecht an, indem er ihn gleichsam in **Versuchung** führt: Da ist die offenstehende Gartentür, durch die der Vierbeiner einmal hinausspaziert in die so viel interessantere Welt, um danach zu Futternapf und Schlafplatz zurückzukehren. Da ist der kurze, eintönige Spaziergang, der immer an derselben Bank endet, wo der Mensch sich hinsetzt und seinen Hund auffordert, zu laufen oder zu spielen, ihm praktisch einen Freibrief ausstellt, seine Welt selbst zu erkunden. Da ist die läufige Hündin, die vor der Wohnung ihre Lockspuren hinterläßt, und die Rüdenbesitzer staunen über den Einfallsreichtum ihres Hundes, der bei der ersten Gelegenheit entwischt und vor der Türe der Hündin wieder aufgegriffen wird.

Keine negative Folge macht solchen Eskapaden für immer ein Ende – im Gegenteil: Der unausgelastete Hund findet ein zweites Leben, abseits derer, die für ihn zwar Futterquelle, aber eben nicht viel mehr sind.

Aus welchen Gründen Ihr Hund auch zum Streuner geworden ist, ob er als Welpe zu einer Streunergruppe gehört oder ob er als Erwachsener zu Ihnen kam und schon vorher gestreunt hat, ob es ihm nicht gelang, eine Beziehung zu Ihnen und seinem Zuhause zu entwickeln oder ob er seiner Versuchung erlegen ist und damit nun eine angenehme Erfahrung verbindet: Sie können ihn nur kurieren, wenn Sie seine Bezugsperson werden, wenn seine oberste Maxime ist, Ihnen zu gefallen. Und wenn Sie ihm begreiflich machen, wie abwechslungsreich und auslastend

Das »Bei Fuß«-Gehen ist die wichtigste Lektion für einen Streuner. Lassen Sie nie zu, daß er an der Leine zerrt

Tip:
Die Spielstunden sollten täglich stattfinden, wenn möglich auch zur gleichen Zeit, als Fixpunkt im sonst so unregelmäßigen Streunerleben.

sein Alltag mit Ihnen wird. Gleichzeitig verhindern Sie jeden Rückfall, indem Sie ihm keinerlei Möglichkeit geben auszubrechen.

Wie gewöhnen Sie Ihrem Hund das Streunen ab?

Als erstes gibt es keinen unbeaufsichtigten Gartenaufenthalt mehr, keinen Spaziergang ohne Leine. Das hat bereits die positive Wirkung, daß Ihr Hund Sie in einem anderen Licht sieht. Sie sind auf einmal immer da, um ihn herum, buchstäblich mit ihm verbunden. Zeigen Sie dem Hund, bevor Sie mit ihm in den Garten oder zu einem Spaziergang aufbrechen, seinen gefüllten Futternapf, lassen Sie ihn aber nichts fressen. Appetit oder Hunger sind die sichersten Mittel, um einen Hund zurück nach Hause streben zu lassen.

Führen Sie regelmäßige Spielstunden ein – in der Wohnung, im Garten oder im Gelände. Mitspieler sind aber nicht andere Hunde, sondern ausschließlich Sie. Ob Sie gemeinsam schwimmen oder Wettrennen unternehmen, ob Sie auf dem Hundesportplatz zusammen über Tonnen springen oder auf schmalen Balken balancieren, ob Sie Ihrem Hund Ball oder Stock werfen und ihn diese apportieren lassen, ob Sie steile Hänge erklimmen oder durch unwegsames Waldgelände laufen, hängt von Ihnen und von der körperlichen Konstitution des Tieres ab. Wichtig ist, daß Sie gemeinsam etwas unternehmen, daß der Hund sich dabei körperlich anstrengt.

Bei den normalen Spaziergängen darf sich der Hund ausschließlich auf Sie oder mit Ihnen zusammen auf ein gemeinsames Objekt konzentrieren. Wenn er beginnt zu schnüffeln, sind Sie dabei, interessiert, fragend, teilnahmsvoll. Wenn er die Ohren spitzt, lauschen Sie ebenfalls aufmerksam. Das klingt vielleicht albern und lächerlich, doch es verfehlt nie seine Wirkung. Machen Sie ihn Ihrerseits auf etwas aufmerksam. Deuten Sie auf einen Baumwipfel (»Schau!«), beugen Sie sich über einen Bach (»Hör mal!«), zeigen Sie ihm Ihre geschlossene Hand (»Paß auf!«), die Sie dann öffnen, um ihn an Ihrem Taschentuch, einem gefundenen Stein (der ja nach Ihrer Hand riecht) oder sonst etwas schnuppern zu lassen.

Beginnen Sie anschließend mit schwierigeren Aufgaben:
Lassen Sie den Hund zwei, drei Schritte laufen, und rufen Sie ihn dann zurück, wobei Sie sich gleichzeitig von ihm wegdrehen und schnell in die Gegenrichtung laufen.
Verstecken Sie sich, und rufen Sie den Hund.
Rennen Sie unvermittelt los, und lassen Sie sich verfolgen. Lassen Sie ihn sich setzen und sitzen bleiben, während Sie langsam, etwa zehn Meter von ihm weggehen. Dann rufen Sie ihn. Ihrer Phantasie sind keine Grenzen gesetzt.

Wichtiger Hinweis:
Sie müssen Ihren Vierbeiner unbedingt fordern, ihm körperliche und psychische Leistungen abverlangen. Natürlich loben, streicheln und belohnen Sie ihn für jede erfüllte Aufgabe.

Wenn Sie auf diese Weise selbstverständlicher Bestandteil im Tagesablauf Ihres Hundes geworden sind, sollten Sie ihn ruhig ab und zu in Versuchung führen. Lassen Sie ihn mit anderen Artgenossen spielen, und rufen Sie ihn unvermittelt heraus. Wenn er kommt, belohnen und loben Sie ihn

Tip:
Was immer Sie mit Hund unternehmen können, sollten Sie auch mit ihm tun – und wenn es die Autofahrt in die Stadt ist. So wie Sie sich während der Erziehungszeit in seinen Alltag eingeschmuggelt haben, so sollte er ab jetzt auch an Ihrem Alltag teilhaben dürfen.

Ein Hund, der Ihre Beute trägt, fühlt sich Ihnen verbunden – auch ohne Leine

und lassen sofort ein Spiel folgen, das ihm sein Opfer versüßt. Oder öffnen Sie die Garten- oder Haustüre, und rufen Sie den Hund, sobald er Anstalten macht hinauszulaufen. Wieder müssen Lob und Belohnung folgen.

Bis Sie ganz sicher sein können, daß Ihr Hund tatsächlich von der Lust zu streunen oder auszureißen befreit ist, müssen Sie sich strikt an die anstrengenden Trainingsstunden halten. Später können Sie die Dauer der Übungen variieren und müssen auch nicht mehr auf absolute Regelmäßigkeit bedacht sein.

Warum streunt ein Hund?

- weil er zuviel allein ist
- weil sein Alltag zu eintönig ist
- weil er unausgelastet ist
- weil er halbwild oder wild geboren wurde
- weil er einer Versuchung von außen nachgibt und diese mit positiven Erlebnissen für ihn verbunden ist

Wie bändigen Sie einen Streuner?

1. Unterbinden Sie jeden Ausbruchsversuch durch dauernde Beaufsichtigung und An-der-Leine-Führen

2. Füttern Sie niemals vor einem Spaziergang oder dem Gartenauslauf

3. Führen Sie regelmäßige Spielstunden ein

4. Geben Sie dem Hund während der Spielzeiten keine Chance, sich auf etwas anderes zu konzentrieren

5. Machen Sie ihn immer wieder auf Geräusche, Gegenstände oder Gerüche aufmerksam

6. Stellen Sie ihm schwierige Aufgaben: Bleiben, Suchen etc.

7. Belohnen Sie jeden Gehorsam

8. Führen Sie den Hund in Versuchung, und rufen Sie ihn dann zurück

9. Reduzieren Sie Arbeits- und Spielzeiten wieder

10. Beziehen Sie den Hund in Ihren Alltag mit ein

Katzenfeindlichkeit

Warum jagt ein Hund Katzen?

Dieses Kapitel könnte auch anders überschrieben werden: etwa »Der wildernde Hund«, »Der Kaninchenschreck« oder »Der Entenjäger« denn es gehört zum normalen Hundeverhalten, ein fliehendes Tier zu verfolgen und – falls es sich einholen läßt – es zu packen und totzuschütteln. Besonders leidenschaftliche Jäger sind unter den Jagd- und den Windhunden zu finden. Aber auch bei allen anderen Rassen kommen derartige Verfolgungsjagden vor.

Rüden und Hündinnen unterscheiden sich nicht im Hetzverhalten, und die Jagdlust beginnt in frühester Jugend und erlischt lebenslang nicht.

Während die Vögel sich durch Davonfliegen einer Verfolgung entziehen und andere Heimtiere durch ihre Gehege und Käfige (hoffentlich) geschützt sind, teilt die Katze mit dem Hund die menschliche Gesellschaft und ist deshalb das von Attacken am häufigsten betroffene Tier. Glücklicherweise retten sich die meisten von Hunden verfolgten Katzen durch Klettern nach oben, oder sie wehren sich bei einer direkten Konfrontation so heftig, daß der Verfolger ab dann ein für allemal die Jagd auf Katzen läßt. Umgekehrt wird ein Hund, der einmal eine Katze gepackt, verletzt oder gar getötet hat, regelrecht »scharf«.

Um ihn davon abzubringen, sich auf jede Katze zu stürzen, die seinen Weg kreuzt, müssen Sie seinen

Das Lieblingsspielzeug, das der Hund nur zu besonderen Anlässen bekommt, lenkt vom Wildern ab

Verfolgungstrieb in andere Bahnen lenken. Beobachten Sie Ihren Hund einmal während des Spaziergangs: Bevor er losrennt, weil irgend etwas seine Aufmerksamkeit erregt hat, stutzt er für den Bruchteil einer Sekunde. Manche Tiere heben den Kopf und sichern in der Luft, andere »stehen vor«, indem sie eine Vorderpfote heben, wieder andere bleiben ruckartig stehen, um mit Ohren und Augen die vermeintliche Beute zu orten. Doch alle geben sie – Erbe ihrer wilden Ahnen – dem Rudel (also dem Menschen) vor der Jagd ein Signal. Erst wenn der Mensch nicht reagiert, handelt der Hund, setzt er sich in Bewegung. Ab dann haben Sie keine Chance mehr, ihn zu bremsen. Im Gegenteil: Mit jedem eindringlichen Rückruf schmälern Sie Ihr Ansehen, denn Ihr Hund gehorcht ganz sicher nicht und lernt, daß dieses Nichtbefolgen keinerlei Konsequenzen für ihn hat. Sie müssen es also anders anpacken.

Wie bekommen Sie die Jagdlust in den Griff?

Am einfachsten arbeiten Sie mit einem »Ersatzopfer«, einem duftenden Lederball etwa, einer Frisbeescheibe, einem Stofftier, das Sie ihm schmackhaft machen, indem Sie es ihm als sein Lieblingsspielzeug anpreisen.

Üben Sie zunächst im Haus. Animieren Sie den Hund durch Rollen, Werfen oder Schubsen der »Beute« zum Zugreifen, und loben Sie ihn sofort, bevor Sie ihm durch ein »Aus« zu verstehen geben, daß er von der Beute auch wieder lassen muß. Nehmen Sie die »Beute« dann mit der Hand ganz hoch, und animieren Sie Ihren Vierbeiner zum Nachspringen und Haschen. Wieder folgt ein Lob. Verstecken Sie nun das Spielzeug, und loben Sie den Hund, wenn er's gefunden hat. Geben Sie dieser Beute einen bestimmten Namen, also »Ball«, »Mäuschen« etc. Immer wenn Sie das Beutespiel mit ihm beginnen, machen Sie ihn mit diesem Namen darauf aufmerksam.

Wichtiger Hinweis:
Spielen Sie nicht zu häufig und niemals so lange, daß der Hund die Lust verliert. Diese Beute muß für ihn das Verlockendste auf der Welt werden und ausschließlich mit aufregenden, freudigen Erlebnissen verknüpft sein.

Im zweiten Schritt nehmen Sie diese Beute auf all Ihre Spaziergänge mit. Warten Sie, bis der Hund Sie von sich aus zu einem Spiel auffordert oder bis er sich sichtlich langweilt. Dann locken Sie ihn mit seinem Spielzeug, gefolgt vom Beutenamen, und geben sich aufgeregt. Zeigen Sie ihm die Beute, bauen Sie Spannung und Erwartung auf, indem Sie erst einmal nur scheinbar werfen. Dann gönnen Sie dem Hund tatsächlich den Fangerfolg und bejubeln dieses Ergebnis. Es folgen Lob, Rückruf und »Aus«.

Wichtiger Hinweis:
Achten Sie darauf, daß das Spiel mit genau dieser Beute niemals Routine wird, sondern eine Art Höhepunkt bei einigen Spaziergängen bleibt.

Verstecken Sie die Beute ruhig auch draußen, und freuen Sie sich, wenn der Hund damit ankommt. Wenn Sie sich sicher sind, daß das neue Spiel auf ihn einen ganz besonderen Reiz ausübt, sollten Sie diesen testen. Lassen Sie Ihren Vierbeiner laufen, und rufen Sie dann, wenn er – etwa durch andere Hunde oder durch ein Mauseloch – sicht ich abgelenkt ist, nach ihm, indem Sie aufgeregt den Beutenamen nennen und gleichzeitig die Beute sichtbar schwenken. Läßt er sich nicht im geringsten irritieren, ist das Spielzeug nicht attraktiv genug für hn, und Sie müssen von vorn beginnen. Aber wenn alles klappt, zeigt der Hund jetzt genau dieselbe Reaktion wie beim Bemerken eines echten Tieres: Er bleibt ruckartig stehen, konzentriert sich sekundenlang und schießt dann los. Machen Sie's ihm nun aber nicht zu einfach. Werfen Sie die Beute ruhig hoch oder weit, damit sie für ihn schwer

Tip:
Ganz wild wird ein Hund auf alles, mit dem Sie sich beschäftigen. Zeigen Sie ihm also den Ball oder das Stofftier, spielen Sie selbst damit, ziehen Sie es immer wieder weg von ihm – so lange, bis er aufgeregt danach zu schnappen versucht.

erreichbar ist. Um so mehr und für den Hund ganz deutlich erkennbar freuen Sie sich anschließend, wenn er mit ihr zurückkommt.

Wiederholen Sie das urplötzliche Auftauchenlassen des Spielopfers bei allen möglichen Gelegenheiten, und feiern Sie mit dem Hund gemeinsam jeden Sieg. Will der Hund dann doch einmal auf lebende Beute losgehen, müssen Sie genau in dem Augenblick, in dem er stutzt und noch bevor er losschießt, Ihren aufgeregten Beuteruf ausstoßen und gleichzeitig in die zum echten Opfer entgegengesetzte Richtung rennen. In 90% aller Fälle wirkt dieses Mittel. Erstens lenkt es den Hund zunächst einmal ab, so daß er sein erstes Verfolgungsobjekt aus Nase, Ohren und Augen verliert. Zum anderen assoziiert er mit Ihrem Ruf ja ein aufregendes lustvolles Erlebnis.

Möglich ist natürlich, daß Sie und Ihr Hund einer Katze begegnen, wenn Sie Ihre Ersatzbeute nicht dabei haben. Dann genügt der Name, ein strammes, verheißungsvolles Weitergehen – in Erwartung des kommenden Spiels wird der Hund Ihnen folgen. Falls das nicht

Statt einer Katze oder eines Kaninchens verfolgt der therapierte Hund lieber den Ball

auf Anhieb klappt, beginnen Sie wieder von vorn – eventuell unter Nennung eines anderen Spielzeugs, das ihn vielleicht mehr begeistert.

Eine eigene oder des Nachbars nervenstarke Katze, mit der er einmal schlechte Erfahrungen gemacht hat, wird Ihren Hund übrigens nicht davon abhalten, jede andere flüchtende Katze zu verfolgen. Sie kann lediglich dazu beitragen, daß er sein Opfer nur stellt, dann aber vorsichtshalber außer Reichweite der Krallen bleibt, die er schon einmal in unangenehmer Weise zu spüren bekommen hat.

Wichtiger Hinweis:

Das Ersatzbeuteablenkungsmanöver läßt sich natürlich auch gegen Wilderei im Wald, gegen Hasenhatz und Entenjagd einsetzen, denn es lenkt ja generell den Verfolgungstrieb in andere Bahnen.

Warum jagt ein Hund?

- weil alle flüchtigen Tiere seinen Verfolgungstrieb auslösen
- weil gestellte Beute den Totschüttelreflex auslöst
- weil jedes Erfolgserlebnis seinen Jagdtrieb stärkt

Wie bekommen Sie die Jagdlust in den Griff?

1. Suchen Sie ein Ersatzopfer, ein nicht zu hartes nach Ihnen oder nach Futter riechendes Spielzeug

2. Geben Sie dieser Ersatzbeute einen Namen

3. Machen Sie dem Hund die Beute durch Spiele in der Wohnung schmackhaft

4. Verstecken Sie das Opfer, werfen Sie es hoch, oder vergraben Sie es

5. Nehmen Sie das Spielzeug auf jeden Spaziergang mit

6. Spielen Sie mit Ihrem Hund das Beutespiel nicht zu oft, sondern nur als Höhepunkt

7. Lassen Sie jeder erfolgreichen »Jagd« ein »Komm« und ein »Aus« folgen

8. Lenken Sie die Aufmerksamkeit des beschäftigten Hundes durch aufgeregtes Rufen und durch Schwenken der Beute auf sein Spiel

9. Locken Sie ihn im Ernstfall, bevor er losrennt, durch Anfeuern weg vom echten Tier, hin zu Ihrem Spiel

10. Wenn Sie die Ersatzbeute nicht dabeihaben, rufen Sie ihren Namen verheißungsvoll, und bewegen Sie sich schnell weg vom wirklichen Opfer

Belästigen von Radfahrern und Joggern

Jogger erleben es noch häufiger als Radfahrer: Sie drehen schnaufend ihre Runden, und plötzlich heftet sich ein Hund an ihre Fersen, kläfft, umrundet sie, zwickt manchmal auch. Er läßt erst ab, wenn sie stocksteif stehen bleiben und warten, bis der zum Hund gehörige Mensch auftaucht, um sein Tier an die Leine zu nehmen. Radfahrer trifft es meist ebenfalls an den Waden, oder es kann ihnen passieren, daß sie umgeworfen werden, weil sich ein Hund wütend in die Reifen verbeißt.

Logischerweise sind es häufiger die langbeinigen und damit schnellen Rassen, die zum echten Schrecken der Zweiradler und Trimmdichläufer werden. Überdurchschnittlich oft lassen sich Jagd-, Schutz-, Schäfer- und Windhunde auf den Zweikampf ein.

Ganz selten ist das Wadenzwicken – wenn es überhaupt stattfindet – als ernsthafter Biß gemeint. Denn im Gegensatz zum Menschen gegenüber aggressivem Hund will der mitlaufende Vierbeiner den Menschen nicht angreifen.

Warum wird ein Hund zum Radfahrer- und Joggerschreck?

Die häufigste Ursache ist das für ihn ungewohnte Tempo, das einen Hund zunächst aufmerksam werden läßt und ihn zum Mitmachen animiert. Fast immer setzt sich auch Herrchen daraufhin in Trab, was wiederum den Vierbeiner noch mehr anspornt.

Auch schlechte Erfahrungen (etwa durch einen Unfall) oder die Absicht, das sich schnell bewegende Objekt zu vertreiben, können Gründe sein.

Schließlich kommt noch die ganz profane Tatsache dazu, daß Jogger sich gern genau da und exakt zu der Zeit trimmen, zu der auch der »städtische« Hundebesitzer seine Runden dreht, also meist frühmorgens oder spätabends, wenn sonst kaum jemand unterwegs ist und so ein rennender Mensch für den Vierbeiner eine willkommene Abwechslung darstellt.

Wenn Ihr Hund es auf solche radfahrenden oder joggenden Mitmenschen abgesehen hat und Sie sich wieder problemlose Spaziergänge wünschen, müssen Sie ihn lehren, auf Ihren Wunsch hin alles, was seinen Weg kreuzt, links liegenzulassen, ja ihm nicht einmal einen Blick zu gönnen.

Wie halten Sie Ihren Hund zurück?

Beginnen Sie mit der Erziehung in einer von Joggern und Radfahrern nicht frequentierten Gegend, und nehmen Sie genügend Leckerbissen mit. Leinen Sie den (hungrigen)

Die schnellen Joggerbewegungen laden zum Mitrennen ein; und zum leichten Kneifen, wenn der Jogger zu schnell wird

»Bei-Fuß«-Gehen – mit und ohne Leine – belohnen Sie durch Leckerbissen

Hund ab, und halten Sie ihm einen Leckerbissen genau vor die Nase. Dabei geben Sie das Kommando »Fuß« und gehen zügig vorwärts, wobei der Futterbrocken stets vor der Nase des Hundes bleiben sollte. Üben Sie das nicht länger als zwanzig Sekunden, dann loben und belohnen Sie den Hund, lassen ihn sich setzen und loben ihn erneut.

Wichtiger Hinweis:
Die Übung – Leckerbissen verbunden mit dem »Fuß«-Kommando – müssen Sie mehrmals durchführen. Dabei darf sie aber nie zu lang sein – höchstens eine Minute – und muß mit einem Lob und der erwarteten Belohnung enden. Lassen Sie den Hund dann toben und spielen, bevor Sie Ihr »Fuß«-Kommando erneut ausprobieren; sobald es perfekt klappt, halten Sie jedoch lediglich die flache Hand vor die Hundeschnauze. Die erwartete Belohnung holen Sie nach dem Ende der Fußübung und dem Absitzenlassen aus der Tasche.

Versuchen Sie nun, Tempo und Richtung mehrfach zu verändern, und achten Sie darauf, daß der Hund – angespornt vom lockenden »Fuß«-Kommando – unmittelbar an Ihrer Seite bleibt. Wieder folgen Lob und Belohnung und eine Entspannungspause. Das »Bei Fuß«-Gehen soll für den Hund ja etwas Verheißungsvolles, ein schönes Erlebnis (Spielen und Leckerbissen) einleitendes Ereignis sein, kein Zwang, dem er sich nur widerwillig beugt.

Klappt das »Bei Fuß«-Gehen perfekt, bauen Sie es willkürlich in Ihre Spaziergänge ein. Rufen Sie den Hund aus einem Spiel mit anderen Vierbeinern oder aus dem freien Lauf zu sich, lassen Sie ihn ein paar Schritte »Bei Fuß« laufen, und belohnen Sie ihn dann.

Im Ernstfall, also wenn irgendwann bei Nacht und Nebel aus dem Nichts ein Jogger oder ein Radfahrer auftaucht, bleiben Sie ganz ruhig und rufen mit Lockstimme Ihren Hund zur »Fuß«-Übung. Natürlich bekommt er seine Belohnung, wenn der Passant außer Reichweite ist, und Sie loben Ihren Hund auch – nicht dafür, daß er den Jogger nicht verfolgt hat, sondern dafür, daß er »bei Fuß« gegangen ist.
Wenn Sie einige dieser Begegnungen ohne Zwischenfall bewältigt haben, brauchen Sie nicht mehr »Fuß« zu rufen. Ihr Hund hat verstanden, daß er an Ihre Seite eilen soll, wenn ein sich schnell bewegender Mensch seinen Weg kreuzt.

Taucht ein Radler auf, rufen Sie den Hund zum »Bei-Fuß«-Gehen herbei

Warum belästigt ein Hund Jogger und Radfahrer?

- weil schnelle Bewegungen ihn in Erregung versetzen und zum Mitmachen animieren
- weil er mit ihnen einmal schlechte Erfahrungen (Unfall) gemacht hat
- weil sie eine willkommene Abwechslung bei eintönigen Spaziergängen darstellen
- weil er die störenden Menschen vertreiben will

Wie holen Sie den Hund an Ihre Seite?

1. Suchen Sie eine »ungefährdete« Gegend für Ihre Übungen

2. Füttern Sie den Hund vor dem Weggehen nicht, und nehmen Sie Leckerbissen mit

3. Lassen Sie den Hund am Übungsort von der Leine

4. Bestimmen Sie durch einen Leckerbissen, den Sie vor seine Schnauze halten, sein Tempo dicht an Ihrer Seite beim gleichzeitigen Kommando »Fuß«

5. Loben und belohnen Sie das Tier nach wenigen Schritten für das »Fußgehen«

6. Üben Sie das »Fußgehen« ohne Futter – nur mit der Hand vor der Schnauze Ihres Vierbeiners

7. Ändern Sie Tempo und Richtung mehrfach, und lassen Sie auch Ihre bremsende Hand weg

8. Bauen Sie das »Fußgehen« in alle gemeinsamen Spaziergänge als festen Bestandteil ein

9. Jedem Gehorchen muß ein Lob und eine Belohnung folgen

10. Wenn ein Jogger oder ein Radler in Sicht kommt, rufen Sie den Hund zu sich und lassen ihn »Fuß« gehen

Kinderfeindlichkeit

Daß Hunde sich gegenüber Kleinkindern verhalten, als hätten sie Welpen vor sich, also rücksichtsvoll und tolerant, trifft zwar manchmal zu, die Regel ist es jedoch nicht. Vor allem Hunde aus kinderlosen Haushalten reagieren empfindlich, verschreckt oder sogar aggressiv auf Kinder – ein problematisches Verhalten, das zwar nur in den seltensten Fällen tatsächlich in einem ernsten Zwischenfall gipfelt, das aber trotzdem die Nerven von Halter, Hund und betroffenen Kindern strapaziert.

Ob es sich um einen Rüden oder um eine Hündin handelt, ist bei diesem Problem nicht von Bedeutung.

Unter jungen Hunden bis zu einem Jahr ist kaum ein Kinderschreck zu finden, die Animositäten entwickeln sich (und steigern sich dann) erst, wenn der Hund erwachsen ist.

Die großen, schweren Rassen sind wesentlich toleranter als die kleinen, sensible nervige Hunde (wie Terrier, Jagd- und Windhunde) reagieren meist extrem auf Kinder, wobei das eine sowohl positiv als auch negativ sein kann.

Warum wird ein Hund zum Kinderschreck?

Zwei Hauptgründe sind verantwortlich für das Mißtrauen eines Hundes gegenüber sehr jungen Menschen:

Wenn er während seiner Sozialisierungsphase (bis zur zwölften Lebenswoche) **niemals Bekanntschaft** mit einem Baby oder einem Kleinkind **gemacht** hat, so ist ihm das »andere« Wesen fremd und erscheint ihm damit beängstigend. Die Stimme gleicht nicht der »nor-

maler« Menschen, sondern klingt in Hundeohren schriller und erregend. Der Geruch unterscheidet sich (vor allem im Windelalter) deutlich von dem Erwachsener. Ebenso sind Bewegungen, Gesten und Mimik ganz anders. Ein Kind ist, bis etwa zum achten Lebensjahr, für einen Hund, der nie damit in Berührung gekommen ist, kein Mensch, sondern etwas Unheimliches, das er meidet, wenn er kann. Geht das nicht, so reagiert er wie der ängstliche Hund (siehe Seite 87 f.): Er droht und schnappt, um sich aus seiner vermeintlichen Zwangslage zu befreien.

Der zweite Grund für das kinderfeindliche Verhalten liegt in einer **schlechten Erfahrung** mit Kindern. Ein grober Griff, der schmerzhaft ist, ein Schock durch Geschrei oder Spiellärm haften im Hundegedächtnis und verbinden sich mit der Gesamterscheinung Kind.

Weitere, aber seltenere Gründe können **übersteigerter Schutztrieb** gegenüber den Kindern der »eigenen« Familie, **Verfolgungsreflex** bei einem rennenden, schreienden und ängstlichen Kind und **Abwehr** nach allzu stürmischem Kontakt sein.

Gehen Sie an Plätzen, an denen sich viele Kinder aufhalten, zügig und ohne den Kontakt zu den Kleinen zu suchen, vorbei

Einen kinderscheuen Hund zu kurieren, ist nicht einfach, weil Sie nicht nur Ihren Hund »behandeln«, sondern auch Ihre eigene Angst und Ihre Zweifel am Hund bezwingen müssen, zusätzlich aber das Problem haben, daß fremde Kinder sich nicht unbedingt hundegerecht verhalten.

Wie gewöhnen Sie Ihren Hund an Kinder?

Sie müssen damit anfangen, negative Kontakte zwischen Kindern und Ihrem Hund nach Möglichkeit zu vermeiden. Suchen Sie mit Ihrem Vierbeiner bewußt kinderreiche Plätze auf, beschäftigen Sie ihn wie gewöhnlich, aber lassen Sie zunächst nicht zu, daß eines der Kinder sich ihm nähert – von sich aus rennt kein Hund in feindlicher Absicht zu einem Kind. Reden Sie notfalls mit den erwachsenen Begleitpersonen. Sinn der Übung ist es, dem Hund begreiflich zu machen, daß solche kleinen, jungen Geschöpfe zum normalen Leben gehören, ihn aber weder attackieren, noch vor ihm fliehen. Sie sind einfach da, haben mit ihm aber nichts zu tun. Achten Sie dabei genau auf sich selbst: Anspannung, Nervosität oder Angst vor einem Zwischenfall übertragen sich automatisch auf Ihren Hund, der seinerseits nach dem Grund für Ihre negative Ausstrahlung sucht.

Wichtiger Hinweis:
Solange der Hund an der Leine ist, kann nichts passieren.

Wenn Ihr Hund in der Nähe von Kindergärten, Schulhöfen, Spielplätzen oder Sportarenen ohne Anzeichen von Aufregung oder Aggressivität seine Spaziergänge absolviert, gehen Sie von sich aus auf eines der Kinder (möglichst ein hundeerfahrenes) zu.

Wichtiger Hinweis:
Nicht das Kind kommt Ihnen entgegen, sondern umgekehrt: **Sie** suchen den Kontakt.

Unterhalten Sie sich normal, lassen Sie Statur, Stimme und Bewegungen des Gegenübers auf Ihren Hund einwirken. Wiederum sollte es nun keinerlei körperlichen Kontakt geben.
Üben Sie ein paarmal, möglichst mit Kindern verschiedenen Alters, Aussehens und Geschlechts.

Unterhalten Sie sich mit Kindern, achten Sie aber darauf, daß es zu keinem direkten Kontakt zwischen ihnen und Ihrem Hund kommt

Der nächste Schritt: Vorausgesetzt, Ihr Hund ist sonst Menschen gegenüber friedlich und freundlich, laden Sie ein bis zwei Kinder zu sich nach Hause ein; in Hundevereinen finden Sie sicher genügend freiwillige junge Menschen, die den Umgang mit Hunden gewohnt sind. Die Kinder sollten sich dem Schlaf- oder Futterplatz des Hundes aber nicht nähern, sondern sich – wie erwachsene Gäste – mit Ihnen unterhalten, an Ihrem Tisch sitzen. Sie selbst füttern jedoch Ihren Vierbeiner während dieses Besuchs, streicheln ihn auch einmal und lassen ihn unbedingt dabeisein.

Auch solche Einladungen sollten Sie mehrmals wiederholen und parallel dazu weiter kinderreiche Orte mit dem Hund aufsuchen. Nach einigen Wochen sollte Ihr Hund sich wenigstens an das Vorhandensein von Kindern gewöhnt haben und keinerlei Anzeichen von Erregung mehr zeigen. Suchen Sie jetzt gezielt bei jedem Spaziergang den Kontakt mit irgendeinem Kind, das dem Vierbeiner einen Leckerbissen zusteckt, sonst aber nichts weiter unternimmt. Unmittelbar nach einer solchen Begegnung spielen Sie mit Ihrem Hund. Loben Sie ihn nicht, denn das, was er unterlassen hat (nämlich Aggressionen zu zeigen), ist erstens selbstverständlich und außerdem dem Hund gar nicht bewußt (siehe Seite 44). Durch ein Lob wird er höchstens aufmerksam und unsicher, weil er es auf keine Aktivität beziehen kann.

Für den nächsten Schritt brauchen Sie wieder ein hundeerfahrenes Kind, dem Sie »zufällig« begegnen und das Sie auf Ihrem Spaziergang begleitet. Ein Leckerbissen leitet die Begegnung ein, danach laufen Sie zu dritt weiter.

Allmählich hat sich der Hund nun an diese Treffs sicher gewöhnt und sie seinem normalen Alltagsbild einverleibt. Sie können es riskieren, ihn mit einem Kind allein spazierengehen zu lassen. Wieder leiten Sie diese Übung mit einer Zufallsbegegnung, einem Leckerbissen, einigen gemeinsamen Schritten ein. Wieder spielen Sie nach dem »Wiedersehen« mit Ihrem Hund. Beim nächsten Mal beziehen Sie das Kind ins Spiel mit ein. Und schließlich dürfen mehrere Kinder mit ihm spielen.

Wichtiger Hinweis:
Streicheln, knuddeln und Umarmungen lassen Sie bitte erst zu, wenn die Spiele mit Kindern dem Hund sichtlich Spaß machen, er von sich aus Kinder dazu auffordert und sich überhaupt allen jungen Menschen gegenüber so benimmt wie gegenüber Erwachsenen.

Warum ist ein Hund kinderscheu?

- weil er keine Erfahrungen mit Kindern hat
- weil er schlechte Erfahrungen mit Kindern gemacht hat
- weil er die Kinder »seiner« Familie vor anderen Kindern schützen will
- weil sowohl das Rennen als auch die lauten Stimmen in ihm einen Verfolgungsreflex auslösen
- aus Abwehr gegen allzuviel Temperament

Wie machen Sie Ihren Hund zum Kinderfreund?

1. Beugen Sie generell unerfreulichen Begegnungen vor

2. Suchen Sie kinderreiche Plätze auf, verhindern Sie aber unbedingt, daß es dabei zu Körperkontakt zwischen dem Hund und den Kindern kommt

3. Gehen Sie auf ein hundeerfahrenes Kind zu und unterhalten Sie sich mit ihm, ohne den Hund daran zu beteiligen

4. Laden Sie Kinder zu sich nach Hause ein, die den Hund ignorieren. Füttern Sie ihn während des Besuchs

Auf gemeinsamen Spaziergängen lernt der Hund, daß Kinder harmlos sind

5. Kontaktieren Sie ein Kind beim Spaziergang, und lassen Sie es dem Hund einen Leckerbissen zustecken

6. Bitten Sie ein Kind bei einer Begegnung, mit Ihnen und dem Hund spazierenzugehen

7. Beenden Sie den Spaziergang zu dritt mit einem gemeinsamen Spiel

8. Lassen Sie ein hundeerfahrenes Kind allein mit dem Hund den gewohnten Spaziergang machen

9. Lassen Sie einige Kinder mit Ihnen und dem Hund spielen

10. Lassen Sie Kinder während der Spaziergänge und Spiele den Hund streicheln

Adressen

Deutschland

VDH – Verband für das Deutsche Hundewesen
Westfalendamm 174
44141 Dortmund
Tel.: 02 31/56 50 00
Fax: 02 31/59 24 40

IDH – Interessensgemeinschaft Deutscher Hundehalter
Auguststraße 5
22085 Hamburg
Tel.: 0 40/45 47 61

Dachverband der Deutschen Hundesportvereine
Sulinger Straße 57
28857 Syke
Tel.: 0 42 42/5 05 20

Österreich

ÖKV – Österreichischer Kynologenverband
Johann-Teufel-Gasse 8
A – 1238 Wien
Tel.: 00 43/88 70 92 / 93

ÖU – Österreichische Hundesport-Union
Pelargonienweg 45
A – 1220 Wien
Tel.: 00 43/1/2 20 59 15

Informationszentrum für Rassehundbesitzer
Novaragasse 5
A – 1020 Wien
Tel.: 00 43/1/24 53 21

Schweiz

SKG – Schweizerische Kynologische Gesellschaft
Länggaßstraße 8
CH – 3001 Bern
Tel.: 00 41/31/3 13 58 19

SKG Zürich
Hansruedi Weinmann
Tel.: 00 41/1/36 32

Literatur

Bücher

Baumann, Doris:
Hunde erziehen, Stuttgart 1987

Brunner, Ferdinand:
Der unverstandene Hund, Melsungen 1988

Feddersen-Petersen, Dorit:
Hundepsychologie – Wesen und Sozialverhalten, Stuttgart 1989

Ochsenbein, Urs: Der neue Weg der Hundeausbildung, Cham 1993

Schmidt, Marianne/Koch, Walter:
Grundausbildung für Gebrauchshunde, Niedernhausen 1995

Trumler, Eberhard:
Der schwierige Hund, Mürlenbach 1986

Trumler, Eberhard:
Mit dem Hund auf du. Zum Verständnis seines Wesens und Verhaltens, München 1991

Zeitschriften

Ein Herz für Tiere, Gong-Verlag, München, erscheint monatlich

Partner Hund, Gong-Verlag, München, erscheint monatlich

kursive Seitenzahlen verweisen auf Abbildungen

Im FALKEN Verlag sind zum Thema »Hunde« unter anderem bisher erschienen:
»Chihuahua« (Nr. 1597)
»Ein neues Zuhause für Streuner und Tierheimhund« (Nr.1512)
»Grundausbildung für Gebrauchshunde« (Nr. 4750)
»Hundekrankheiten« (Nr. 1604)
»Komm! Sitz! Platz! (Nr. 1469)
»Mischlingshunde« (Nr. 1511)
»Neufundländer und Landseer (Nr. 1644)
»Schäferhunde« (Nr. 1513)
»Yorkshire Terrier« (Nr. 1642)

Das Buch wird herausgegeben von Dr. Hans H. von Wimpffen.
Dieser Titel erscheint in Zusammenarbeit mit der TR-Verlagsunion, München.

ISBN 3 8068 4808 4

© 1995/1996 by Falken-Verlag GmbH, 65527 Niedernhausen/Ts.
Die Verwertung der Texte und Bilder, auch auszugsweise, ist ohne Zustimmung des Verlags urheberrechtswidrig und strafbar. Dies gilt auch für Vervielfältigungen, Übersetzungen, Mikroverfilmung und für die Verarbeitung mit elektronischen Systemen.

Umschlaggestaltung: Peter Udo Pinzer
Layout: Ilse Stockmann-Sauer, AS-Design, Offenbach
Redaktion: Dr. Gabriele Schweickhardt
Herstellung: Reckels, Schneider-Reckels & Weber, Wiesbaden; Petra Leupacher
Titelbild/Umschlagrückseite: Lothar Lenz, Cochem
Fotos: Agentur Cogis/Alexis: S. 120, **Amblin:** S. 4 u., **Dr:** S. 4 M., 53, 72 u., 89, **Français:** S. 58, **Froidevaux:** S. 18, **Hermeline:** S. 68, **Labat:** S. 4 o., 5 u., 13, 40, 44, 70, 73 l., 74, 75, 78, 81, 96, **Labat/Lanceau:** S. 31, **Lanceau:** S. 5 o., 5 M., 14, 27, 28, 29 (2 x), 32, 35, 37, 39, 50, 54, 62, 65 (2 x), 72 o., 73 r., 102, **Lepage:** S. 20 u., 45, 116, **Lili:** S. 42, 69, 108, **Nicaise:** S. 60 (2 x), **Rauzier:** S. 10, **Varin:** S. 12, 22, 56, **Bildagentur ipo,** Linsengericht: S. 24, 26, 82, 84, 86, 90, 92, 93, 95, 98, 103, 104, 105, 111, 112, 117, 121, 123, 126, 128, 133, 136, 138, 140, **U. Niehoff,** Bienenbüttel: S. 131, 132 (2 x), **U. Schanz,** München: S. 1, 2/3, 6, 8, 30, 33, 41, 52, 67 o., 76, **K. Skogstad,** München: S. 9, 11, 15, 16, 17, 19, 20 o. l., 20 o. r., 21, 23, 25, 34, 36, 38, 43, 47, 48, 49, 55, 57, 64 (3 x), 66, 67 u., 71, 77, **M. Wunsch,** Uelzen: S. 118
Vignetten: K. Skogstad, München
Karikaturen: K. Espermüller, München: S. 79, 87, 94, 100, 107, 114, 119, 125, 130, 135

Die Ratschläge in diesem Buch sind von der Autorin und vom Verlag sorgfältig erwogen und geprüft, dennoch kann eine Garantie nicht übernommen werden. Eine Haftung der Autorin bzw. des Verlags und seiner Beauftragten für Personen-, Sach- und Vermögensschäden ist ausgeschlossen.

Satz: Reckels, Schneider-Reckels & Weber, Wiesbaden
Druck: Druckerei Parzeller GmbH, Fulda

817 2635 4453 62